TOUT POUR ÊTRE HEUREUX

Dominique Desseigne

TOUT POUR ÊTRE HEUREUX

Récit

PLON

L'intégralité des droits d'auteur
de Monsieur Dominique Desseigne
sera versée à l'association
« Un Bouchon : un Sourire »
présidée par Monsieur Jean-Marie Bigard
(BP 71 – 75561 Paris Cedex 12).

© Plon, 2004
ISBN 2-259-19880-5

*A Alexandre et Joy,
A Joy et Alexandre,
mes deux merveilles.*

« Il n'est pire malheur que de se souvenir des jours heureux dans la souffrance. »

Dante, *La Divine Comédie.*

Préface

« Tu n'as plus le droit de te plaindre ! »

Que de fois nous sommes nous dit ces mots en sortant de chez Diane durant ces six années pleines.

Car jamais une plainte ne sortit de ses lèvres, jamais elle ne gémit sur son sort. Et pourtant, plus qu'elle, qui aurait eu le droit de s'apitoyer sur ce handicap majeur, sur ce corps brutalement disloqué ?

Une longue expérience médicale nous a mis au plus près de la douleur physique et de la souffrance morale. Ces vies déchirées, ces corps frappés d'affliction n'ont-ils pas le droit d'essayer de comprendre, d'expliquer, de demander s'il ne s'agit pas d'une punition imméritée, ou du châtiment d'un Dieu qui tiendrait des comptes ?

Il n'y a pas de hiérarchie dans la gravité des maladies ou dans la manière d'accueillir la mort. Mais le handicap majeur suscite tantôt la révolte criante, tantôt l'acceptation silencieuse, et toujours cet isolement moral aggravé par la contrainte des soins et la persécution de la douleur.

Il eût été naïf de croire que Diane échappait à la dure loi de l'infirmité. Naïf aussi de la considérer inconsciente de son état, même si, un peu lâches et hypocrites, ou simplement humains, nous pensions l'aider en lui dissimulant la vérité et en parlant d'avenir.

Certes, à plusieurs reprises, ne murmura-t-elle pas : « N'essayez pas de me cacher la vérité » ou : « On aurait mieux fait de me laisser mourir ». Mais brèves étaient ses défaillances et, très vite, l'énergie, la lucidité, la lutte pour la vie reprenaient le dessus. A toutes les étapes de l'évolution, elle nous donna un magnifique exemple de courage et de révolte tout autant que de sérénité et de patience. Patiente, elle méritait bien ce terme, elle qui supporta si héroïquement la déchéance et la douleur.

Bien avant l'indécente annonce de l'irréversibilité du mal, elle n'était pas dupe et connaissait la vérité. Elle savait que la dislocation de ce corps était définitive. Pire, après plusieurs alertes dramatiques, elle n'ignorait pas que sa vie elle-même était en jeu et que le fil ténu pouvait céder à la moindre détresse viscérale.

Mais il fallait tenir bon et se battre pour la vie comme si la mort était une question vitale. Se battre pour un entourage désemparé : Dominique omniprésent, Alexandre, Joy, Marta, les collaborateurs. Sans oublier l'équipe soignante qui l'a si admirablement aidée et portée pendant ce long et douloureux parcours.

Tout pour être heureux

Elle s'est battue. Elle a tenu bon. Elle a donné à son entourage et à ses amis une grande leçon d'amour. Elle a donné à ses médecins et à ceux qui l'ont soignée une belle leçon de vie. Car, pour Diane, la vie ne s'achevait pas avec l'anéantissement du corps. Au contraire même, c'est dans les profondeurs du handicap qu'elle prenait vraiment conscience de la réalité de sa vie.

Nous avons eu le privilège de la suivre, de l'assister, de la traiter. Que de fois nous sommes-nous demandé comment nous nous serions comportés à sa place. Réponse impossible car une telle déchéance physique et une telle souffrance morale ne peuvent être transportables. Sans compter cet isolement insoutenable qui irait jusqu'à appeler la mort si l'amour d'un époux n'était là pour sans cesse réconforter, distraire, consoler, faute de pouvoir partager un si lourd fardeau.

Pour notre part, nous avons eu le privilège d'assister et de soigner une grande dame. Nous avons pu admirer son exemplaire comportement : toujours belle malgré les outrages des blessures, fière dans sa souffrance, digne dans son calvaire. Elle restera pour nous un modèle, celui du courage personnifié.

Pr Gérard SAILLANT   Pr Yves GROSGOGEAT

1

On s'aimait. Elle était jeune, belle, vibrante. Elle avait tout. Et quand on nous voyait c'était la même phrase : « Ils ont tout pour être heureux. »

Peut-être avons-nous été imprudents ? Peut-être aurions-nous dû cacher cet excès de bonheur ?

Mais nous avions la vie devant nous.

Nous étions indestructibles.

Jusqu'au jour où tout a basculé.

Aujourd'hui encore, il me suffit d'y penser pour avoir les larmes aux yeux. On était en juillet. C'était dimanche. Il faisait beau. Un bouquet de fleurs à la main, j'arpentais de long en large le hall de l'aéroport.

Mon cœur battait. J'attendais Diane.

A 6 heures, toujours pas d'avion.

Diane m'avait dit qu'elle arriverait à La Baule entre 5 et 6. J'accroche un type en bleu avec des galons dorés.

— Vous avez des informations ?

— Aucune, monsieur.
— Qui peut m'en donner ?
— Personne. Nous n'avons reçu aucun plan de vol.
— C'est normal ?
— Pour un avion privé, c'est possible.
— Mais ma femme m'a dit...

Visiblement, je l'énerve.

— Ecoutez, tranche-t-il avec un sourire crispé, votre femme peut aussi bien atterrir dans dix minutes que ne pas débarquer du tout.

Connard... Ce matin, Diane m'a téléphoné. Elle était à Saint-Tropez. Mais d'où a-t-elle décollé ? Nice ? Cannes ? Toulon ? Est-elle même partie ? Pour la troisième fois, j'appelle son portable. J'entends sa voix sur le répondeur. Je lui laisse un nouveau message.

Je reviens sur l'idiot à galons dorés.

— Vous êtes sûr que personne d'autre ne peut vous renseigner ?
— Pas de plan de vol.
— Qu'est-ce que vous me conseillez de faire ?
— Attendre.

J'attends. Mes fleurs se dessèchent. Moi aussi.

Diane est sur la Côte depuis quatre jours. Des gens à voir. Des affaires à liquider. Juste avant son départ, nous avions eu une grande discussion. Nous avions fait le point comme on fait le ménage. Sur notre vie. Sur nous. Sur nos désirs. Nous avions décidé d'un renouveau.

Qu'entre nous, tout soit neuf comme si nous venions de nous connaître.

Le soleil tourne, les minutes s'étirent. Je me sens vaguement coupable. De quoi ? Aucune idée. Que faire ? Je ne sais pas.

Je décide de rester sur place une heure de plus.

— Toujours rien ?

— Non, monsieur, toujours rien.

A 7 heures, je plie bagage. J'arrive à L'Hermitage avec une boule dans la gorge. 7 heures un quart, 7 heures et demie, 8 heures. Toujours pas d'appel.

Toutes les cinq minutes, je contacte l'aéroport.

Aucune nouvelle. Rien. Comme si l'avion de Diane avait disparu en plein ciel. Vers 8 heures et demie, on m'informe que le directeur de la station souhaite me parler. Je déboule dans son bureau. Il me prie de m'asseoir, baisse les yeux avec gêne.

— Je viens de recevoir un appel. Votre femme a eu un accident.

Je veux me relever. Je n'ai plus de jambes.

— Son avion s'est écrasé dans un champ. Le pilote et le copilote sont morts.

J'essaie de parler. Je n'ai plus de voix.

— Votre femme est vivante. On l'a sortie des flammes.

— Où est-elle ?

— A l'hôpital de La Roche-sur-Yon, service des urgences.

Malgré mes jambes en gélatine, je me redresse et me rue hors du bureau.

A San Diego, dans certains hôtels, les piscines sont aussi vastes que des lacs. Avec des chutes d'eau qui jaillissent de falaises artificielles, des bougainvillées écarlates, des maîtres nageurs mexicains qui roulent les mécaniques et des flamants roses au pied des palmiers sur des pelouses d'un vert tendre.

Le bleu du ciel est accablant. Les filles en maillot semblent sortir directement de la finale de Miss Monde.

Elles vous frôlent avec des œillades ravageuses.

Ou alors, sans vergogne, passent à l'attaque.

— Vous êtes en vacances ?

— Heu.. Oui...

— C'est quoi votre accent ?

Elle a vingt ans. Brune, bronzée. En guise de maillot, deux bouts de ficelle écarlate.

— Français.

— Ah... Français... Paris... Coco Chanel...

J'ai la tête qui dépasse à peine de l'eau. Je flotte.

Je lorgne avec inquiétude du côté de Diane, allongée un peu plus loin sur le plat-bord, d'énormes lunettes de soleil sur le nez, un magazine à la main.

Depuis un moment, elle ne fait même plus semblant de lire. Elle a repéré le manège. Qu'on regarde son homme, c'est déjà limite. Mais qu'on essaie de le draguer, là, sous son nez...

— Je m'appelle Jennifer, dit la fille. Et vous ?

Diane s'est redressée. Du coin de l'œil, je la vois piquer une tête et foncer droit sur nous dans un sillage de torpille.

— Je suis du Wisconsin, précise Jennifer en cambrant la taille. Vous connaissez le Wisconsin ?

L'eau bouillonne. Jaillissant d'un geyser d'écume, ma tigresse se dresse soudain entre la fille et moi comme un rempart de chair.

— C'est mon mari ! dit-elle d'une voix basse et glaciale. Qu'est-ce que vous lui voulez ?

Je dévisage Diane avec une expression sévère : je ne veux pas qu'elle sache à quel point je suis ravi.

Ni à quel point je l'aime.

Trois heures de voiture pied au plancher. Je n'ai emporté que ma brosse à dents.

J'arrive à l'hôpital. Il est près de minuit. Depuis 5 heures de l'après-midi, c'est l'angoisse. Mais maintenant, à la tête de l'interne qui m'accueille, je comprends que j'entre dans l'horreur.

— Elle est dans un état très grave. Il faut la transporter immédiatement à Bordeaux par avion sanitaire.

— Vous allez la sauver ?
— Là-bas, peut-être... Ici, aucune chance.
— Je veux la voir !

Je perçois dans mon dos une espèce de crissement.

Poussée par deux infirmiers, une civière me frôle.

C'est Diane. Elle est totalement enveloppée dans le papier d'alu dont on protège les grands brûlés.

Je n'aperçois d'elle qu'un petit bout de son front et ses deux yeux fermés.

— Vite, dit l'interne, vite !

On hisse le brancard dans une ambulance et on part dans la nuit. J'évite de regarder Diane. J'ai trop peur, ça me fait trop mal. On s'arrête bientôt devant un petit avion dont les hélices tournent déjà. Je distingue deux ou trois silhouettes sur la piste. L'infirmier prend l'avant du brancard, moi l'arrière. Nous voici à bord.

Une assistante s'installe contre la civière. Je me glisse à côté du pilote. Diane est derrière moi, inerte dans son sarcophage argenté. Je me tourne comme je peux pour garder la tête près de son visage. Je veux la toucher. J'allonge la main. L'assistante me bloque. Je n'ai même pas remarqué qu'on avait décollé.

Trois quarts d'heure plus tard, à l'atterrissage, une autre ambulance nous attend. Jusque-là, ma main est restée accrochée au montant de la civière. Mais dès qu'on arrive au Centre hospitalier de Bordeaux, des types en blanc se précipitent. Je lâche prise. A toute allure, ils emportent Diane en salle de réanimation. La civière disparaît au détour d'un couloir. Je reste debout dans le hall. Seul. Paniqué.

— Vous voulez boire un café ?
— Je veux savoir, pour ma femme...
— On vous tiendra au courant. Allez vous reposer.
— Je préfère rester.

Je ne bougerai pas d'ici. J'attendrai le temps qu'il faudra. Toute ma vie si c'est nécessaire.

La première fois que j'ai rencontré Diane, j'ai fait semblant de ne pas la voir. Je suis passé devant sa table, raide et indifférent. Du coin de l'œil, j'ai repéré un de mes copains assis auprès d'elle, Soroquer, un avocat. La boîte était pleine à craquer. Tout le monde se trémoussait dans un vacarme d'apocalypse. A mon arrivée, j'avais bien vu que Diane avait tourné la tête dans ma direction. Elle s'est penchée vers Soroquer et lui a dit quelque chose à l'oreille. Une minute après, il est venu me chercher.

— Viens à ma table. Je voudrais te présenter.

Curieusement, je ne l'avais pas reconnue.

Pourtant, j'avais vu dix fois sa photo dans les journaux.

Mais même avant de la prendre dans mes bras pour la première danse, je savais que ce serait elle, je le savais depuis toujours.

A 4 heures du matin, je suis toujours prostré dans le hall. Personne n'est venu me voir. Comment peut-on me laisser crever d'angoisse à ce point ? Je pars droit devant moi dans le couloir.

Au hasard, je pousse une porte.

— Vous cherchez quelque chose ?

— Ma femme. Elle est en réanimation.

— C'est l'étage au-dessus. Mais vous ne pouvez pas y aller. Entrée interdite.

— Je suis sans nouvelles depuis quatre heures !

L'infirmier se plante devant moi.

— Vous n'êtes pas la seule urgence. Nous sommes débordés.

Il ne m'a même pas demandé son nom ! Comment se peut-il qu'il ignore tout de Diane, la seule et unique, ma Diane à moi, alors que sa vie, à cet instant, dépend peut-être d'un type qui s'en fout autant que lui ?

— Ne restez pas là, je vous prie.

Il me pousse vers la sortie. Au lieu de lui taper dessus, je m'écrase et tourne les talons. Je viens de recevoir ma première leçon d'humilité.

Tout pour être heureux

— Vous êtes toujours là, vous ?
— Vous avez des nouvelles ?
— On vous préviendra s'il y a du nouveau.
L'infirmière me dévisage avec méfiance.
— 7 heures du matin. Vous avez dormi ?

Dormi ? Je ne sais même plus où je suis, quel jour nous sommes ou comment je m'appelle. J'ai passé la nuit à téléphoner. Du simple médecin au grand patron, j'ai réveillé tous les toubibs que je connais à Paris. J'ai du bol, aucun ne m'a raccroché au nez. Le professeur Yves Grosgogeat a immédiatement appelé ses collègues de Bordeaux.

— Je viens de leur parler, Dominique...

Au silence qui a suivi, j'ai senti se raidir tous mes muscles.

— Le pronostic n'est pas fameux... Non, vraiment pas fameux. Mais on va se battre ! J'arrive !

L'infirmière me tire par le bras.

— Il y a un petit hôtel juste en face. Venez, je vais vous montrer.

Je me lève comme un zombie, et la suis sans un mot.

2

Il paraît que lorsqu'on s'éveille après avoir très peu dormi, il y a un temps mort pour se réadapter aux choses. Ce n'est pas mon cas. Les yeux à peine ouverts, tout me revient, je ne sors du sommeil que pour entrer dans le cauchemar. Je me demande si Diane est vivante. Il est déjà plus de 10 heures. Je saute dans mes fringues. J'ouvre les volets. Je vois l'hôpital. Quelques minutes plus tard, je me retrouve dans le hall.

— Allez-vous asseoir, m'ordonne la préposée. L'interne va arriver.

Mon Dieu, Seigneur, je ne vous ai jamais rien demandé, mais là, je vous en supplie, faites quelque chose, faites qu'elle respire toujours !

— Ils sont terribles ici sur les heures de visite, me souffle une petite vieille assise près de moi.

Je me retourne vers elle. Je ne l'ai jamais vue mais je la connais depuis toujours. On est liés par le même malheur.

— C'est qui, vous ?
— Ma femme.

— Moi, mon petit-fils. La moto a dérapé.
— Il a quel âge ?
— Dix-sept ans.

Le silence retombe. Patience, humilité, se taire, attendre... Apparition de l'interne. Il vient vers ma rangée de chaises et m'entraîne quelques pas plus loin.

— Ecoutez, je vais être franc. On a fait tout ce qui était en notre pouvoir... Le reste nous échappe. Elle est jeune. Tout dépend de son organisme, de sa résistance. Sa survie tient déjà du miracle.

Il me donne alors des précisions qui me glacent.

A elle seule, Diane est un catalogue de douleurs.

Poumons très atteints, alvéoles calcinés par la fumée, multiples traumatismes causés par le choc, brûlures au troisième degré sur plus de 20 pour cent du corps...

— Elle est cassée de tous les côtés, fractures des bras, des jambes, des côtes, du bassin... Séparément, aucune de ces pathologies n'est mortelle en soi. Mais elles s'additionnent.

— Je voudrais la voir.
— Plus tard, peut-être. Maintenant, pas question. Il faut attendre...

Ainsi commença le deuxième jour.

A 3 heures de l'après-midi, un assistant m'annonça qu'on venait d'intuber Diane.

— L'air ne parvenait plus à ses poumons. Sa capacité respiratoire est très faible.

Je me sentis soudain très seul. Perdu, inutile. Tout m'échappait. Je me retins pour ne pas pleurer. Et sa mère, fallait-il la faire venir ? Depuis la veille, elle ne cessait de m'appeler. Ignorance ou délicatesse, les gendarmes de La Baule lui avaient indiqué que Diane était « juste blessée à la main ». A quoi bon lui révéler trop vite l'étendue du désastre ?

— Tout va très bien, Marta... Ne t'inquiète pas...

Pour l'instant, autant la garder sur son petit nuage. Ne pas l'affoler avant d'en savoir plus. Gagner du temps...

— Tu viendras plus tard. Je t'appellerai.

Comment dire à une mère que sa fille est mourante ?

La journée continua avec une torture supplémentaire, le téléphone. Mon portable n'arrêtait plus de sonner. La nouvelle s'était répandue chez les proches. Chaque appel me poignardait. Je devais ruser, expliquer, remercier. Passe encore pour les vrais amis. Ils voulaient m'aider, savoir s'ils pouvaient faire quelque chose pour Diane ou pour moi. Mais il y avait les autres, les compatissants par nécessité, les relations de passage, de rencontre ou d'affaires. J'avais beau essayer d'être poli, j'y arrivais à peine. Au moment où le soleil allait se coucher, l'interne s'approcha.

— C'est l'heure de la visite. Si vous voulez la voir...

Je respirai un grand coup et me levai.

Quand je pense que toute ma vie j'avais fait un détour pour éviter un hôpital, quelle dérision... Mais j'avais peur. Dans ma famille, à tort ou à raison, on m'avait toujours tenu à l'écart de l'horreur du monde. Quand un malheur arrivait, il s'agissait d'un phénomène naturel. Sans violence. Mon père s'est éteint à quatre-vingt-cinq ans, ma grand-mère à quatre-vingt-huit. Je n'ai jamais vu personne de malade autour de moi. Pas d'accident. Aucun drame.

Mais là, maintenant, j'allais devoir affronter la pire des choses pour un être humain : voir la femme qu'il aime détruite, mutilée, à la merci d'un souffle.

— C'est ici, dit l'interne en baissant la voix.

Il poussa une porte et s'effaça. Le cœur serré, j'entrai dans la *salle des soins intensifs*. Je distinguai une vingtaine de lits hérissés de tuyaux, de flacons, d'écrans lumineux où la vie et la mort s'inscrivaient en graphiques palpitants. On m'avait prévenu, tous les blessés étaient plongés dans un coma profond. Autour d'eux, les proches, la famille. N'osant se regarder. Navrés... Le silence. Rompu parfois par un murmure. Un peu plus tôt, j'avais posé la question à une infirmière.

— Quand je la verrai, si je lui adresse la parole, est-ce qu'elle m'entendra ?

— Qui sait ? Rien ne vous empêche d'essayer.

Soudain, je fus près de Diane.

Atterré, j'aperçus son visage. Sous les bandelettes qui le momifiaient, il avait doublé de volume comme si on l'avait gonflé à l'hélium. Ses yeux étaient fermés.

Une statue de cire.

Je me penchai vers elle.

— Diane... Diane... Tu m'entends ?... Diane... Accroche-toi mon amour... Je suis là. Il faut que tu t'en sortes... Accroche-toi...

Au bout d'un moment, je relevai la tête.

C'était hallucinant. Dans la salle, tous les visiteurs faisaient comme moi, chacun parlait à son malade.

— Accroche-toi... Je suis là... Accroche-toi...

Les mêmes mots, le même ton de supplication.

Mais pas plus que Diane, personne ne répondait.

Souvent, au début de l'hiver, on allait passer le week-end à Deauville. Le soir, on rentrait au Normandy. Fourbus. On avait marché longtemps sur la grève. On était soûlés d'air marin.

Nous n'avions aucune envie de sortir, nous

étions très bien à deux, nous ne voulions voir personne.

On montait dans la chambre, on se pelotonnait dans les peignoirs blancs de l'hôtel et on commandait à dîner. Sur la table roulante poussée par le garçon, il y avait toujours deux ou trois fleurs de couleur vive. La porte à peine refermée, Diane me faisait un clin d'œil : la nuit était à nous, nous étions seuls au monde. Plus tard, on se glissait dans les draps frais pour s'enfouir sous l'édredon de plume. Pas besoin de dormir pour rêver.

— Diane, à quoi tu penses ?

Elle se blottissait dans mes bras. Je fermais les yeux pour mieux m'imprégner du parfum de sa peau.

Dehors, il faisait froid. Parfois, assourdi, nous parvenait le mugissement d'une corne de brume.

— Tu es bien ?
— Oui.
— Moi aussi. Tu m'aimes ?

Les instants de bonheur sont pathétiques : on croit toujours qu'ils vont durer éternellement.

La peur ne me quittait jamais.

J'arrivais à l'hôpital bien avant l'heure des visites, une heure le matin, une heure le soir. Puis, je revenais dans ma chambre. J'avais perdu toute notion du temps.

Mais le monde continuait à tourner. J'étais

parti dans la nuit. Les enfants étaient toujours à La Baule.

Au matin du troisième jour, je demandai à ma mère de les emmener dans sa maison de Fontainebleau où il y avait un grand jardin plein d'animaux et de fleurs.

Le soir même, à la fin de la visite, j'accrochai l'interne. Il me glissa un regard en biais.

— Vous dormez la nuit, vous ?... Je vais vous donner un truc.

Il me glissa dans la main une plaquette de pilules.

Je la repoussai.

— Pas la peine. Ça ne me fait aucun effet.

— Ce n'est pas en vous effondrant que vous aiderez votre femme. Je suis sûr qu'elle se bat. Battez-vous aussi !

— Contre quoi ?

— Vous-même. Restez en forme pour elle. Vous allez en avoir besoin.

Il griffonna deux ou trois mots sur un bout de papier.

— Allez voir de ma part le docteur X. Il pourra vous aider.

L'hôtel où j'avais trouvé refuge était une cour des miracles. Rien que des passants démolis par l'angoisse. Je faisais partie de la famille. La détresse nous rapprochait les uns des autres. On en bavait.

Mais bizarrement, ou peut-être même à cause de cette souffrance, on sentait dans les regards une compassion véritable. Chacun son blessé, chacun son chagrin, nous étions solidaires.

Parfois, au hasard d'un couloir, on croisait un pensionnaire anéanti qui repartait, le deuil dans sa valise. Sur le toit de l'hôpital, une des plates-formes avait été aménagée en piste d'atterrissage. Le vacarme des moteurs éclatait jour et nuit pendant que les hélicos se posaient avec leur nouveau chargement de fracassés.

Je les entendais la nuit, les yeux grands ouverts dans le noir, et je pensais, tiens, encore un malheur.

Que peut-on faire entre deux visites ?

Mourir. Ou courir. J'étais allé m'acheter des baskets et un survêtement. Dès que j'avais une minute, je tournais sur un petit terrain, juste derrière l'hôtel. Seul. Les dents serrées. Férocement. Il fallait que je me défonce. Chaque foulée m'anesthésiait davantage. Arrivait alors le point de nirvana où le corps, à bout de souffle, libérait soudain dans le sang des substances qui annihilaient toute pensée. Moi qui avais toujours eu l'alcool en horreur, je comprenais soudain ce que voulait dire avoir une cuite : je me soûlais à l'effort.

— Votre plexus est complètement bloqué, m'avait dit le docteur X. Si vous voulez tenir le coup, faites-vous mal physiquement !

Il était un spécialiste de médecine sportive. Au cours des jours qui suivirent, il me fit une série de piqûres pour me « remonter ». Euphorisants, neuroleptiques ? Peut-être m'a-t-il shooté pour de bon sans que je le sache ? En tout cas, si je n'ai pas disjoncté, c'est grâce à lui, je le lui dois...

Entre-temps, la rumeur s'était propagée. Des amis débarquaient de Paris pour venir aux nouvelles. Certains repartaient le soir même. D'autres restaient la nuit. J'appréciais qu'ils se soient dérangés. Ils me parlaient. Je faisais un effort pour les écouter. Mais je n'entendais rien de ce qu'ils me disaient. J'étais seul.

Les jours passaient... Rien ne bougeait. En dehors des heures de visite, je ne pouvais compter que sur un appel de l'hôpital pour être au courant de l'état de Diane. En sachant très bien qu'à l'instant où l'on prendrait la peine de me contacter ce serait pour m'annoncer une catastrophe.

Ce matin-là, deux semaines s'étaient écoulées depuis l'accident lorsque mon portable sonna.

— Votre femme quitte la réanimation ce matin.

Je criai presque.

— Où l'emmenez-vous ?

— Elle monte au deuxième. Service des grands brûlés.

3

On se connaissait depuis peu. Nous sortions ensemble. C'est tout. Nous en étions encore au round d'observation.

— Ça vous dirait, une finale de tennis ?

J'avais rejoint Diane à La Baule. Nous venions de déjeuner sur la plage.

— Où ça ?
— Au Country Club.
— Qui joue ?

Elle me cita des noms.

— Formidable !

On se présenta à l'entrée.

— Vous avez une invitation ? demanda le préposé.

— Non, dit Diane.

— Alors vous ne pouvez pas passer. C'est un tournoi privé. Je regrette.

Je crus qu'elle allait rétablir la situation. Elle n'avait qu'un mot à dire. Mais elle se tut.

— S'il vous plaît, insista le gorille, ne restez pas dans le passage.

En clair, on nous virait comme des malpropres.

— Venez, dit Diane en tournant les talons. Tout compte fait, je préfère qu'on aille marcher sur la plage...

Moi, c'est le genre de truc qui me bluffe : elle préférait se priver d'une finale plutôt qu'avoir l'air de crâner en avouant être la fille de son père ! J'étais vraiment en présence d'un spécimen de bonne femme unique. J'en pinçais déjà pour elle. Mais je crois que c'est à cet instant-là que j'ai réellement craqué.

Avant d'accéder au service des grands brûlés, il fallait passer par différents rituels de sécurité, se désinfecter les mains, se masquer le bas du visage, envelopper ses chaussures et endosser une tenue de protection en plastique transparent. Après, on était admis, seulement pour quelques minutes, à pénétrer dans un autre monde... Enfant, j'avais été fasciné par une œuvre de Jérôme Bosch où, dans un univers étrange de bulles translucides, se débattaient, mi-hommes mi-insectes, des créatures prisonnières de leurs propres tourments. Trente ans plus tard, je me retrouvais moi-même au cœur du tableau. On avait intubé Diane.

Toujours la même immobilité. Les mêmes yeux fermés qu'entouraient des bandages. Respirait-elle ?

Je sortis de l'hôpital complètement démoli.

Jusque-là, on avait laissé Marta dans le flou de la première version-gendarme, « juste une main un peu abîmée ».

On s'appelait tous les jours, plusieurs fois par jour.

Pieux mensonges... Jusqu'au moment où il me devint impossible de me taire plus longtemps : Diane, j'osais me l'avouer maintenant, pouvait mourir d'un instant à l'autre.

— Bonjour, Marta...
— Tu l'as vue ? Dis-moi, tu l'as vue ?
— Oui, oui, je l'ai vue...

Fatigue ? Découragement ? Ou peut-être alors, sa voix à elle, chargée d'appréhension ? Le cœur me manqua. Lui donner moi-même des détails fut brusquement au-dessus de mes forces. Je raccrochai sous le premier prétexte et, une fois de plus, appelai mon ami Grosgogeat en qui j'avais une confiance absolue.

— Dites-lui, vous. Moi, je ne peux pas. Je vous en prie, elle est fragile, ménagez-la...

J'ignore de quelle façon il s'y prit. En tout cas, désormais, Marta *savait*. Elle était passée directement de la main « un peu abîmée » aux « dommages très sévères avec pronostic réservé ».

Elle comprendrait ce qu'elle voudrait — chacun se protège comme il peut. Je l'eus en ligne un peu plus tard. Elle me dit qu'elle arrivait.

— Non, Marta ! Pas tout de suite. Tu ne peux

ni l'aider ni la voir. Tu te ferais du mal pour rien.

Depuis toujours, elle entretenait avec sa fille des liens d'amour passionnels. L'eût-elle vue, je ne suis pas sûr qu'elle aurait tenu le choc. C'était trop dur.

Le tableau était déjà assez chargé.

Pas la peine d'y ajouter une crise cardiaque.

Deux ou trois fois, j'avais consulté un psy pour mes enfants.

— S'ils me posent des questions sur leur mère, qu'est-ce que je dois leur dire ?

— Pourquoi ? Ils vous en posent ?

— Non. En tout cas, pas au téléphone. Depuis l'accident, je ne les ai pas vus.

Il m'interrogea sur mon histoire, notre couple, les rapports de Diane avec Alexandre et Joy. Il m'écouta longtemps en silence. Puis, il lâcha une seule phrase.

— Allez les retrouver et parlez-leur.

Je partis dans l'heure. Le soir même, nous étions réunis à Fontainebleau dans la maison de ma mère. Le dîner se passa sans que je fasse allusion à ce qui avait motivé mon voyage. Quand ils allèrent se coucher, je n'avais pas encore ouvert la bouche. J'étais furieux.

— Je ne sais pas comment m'y prendre.

Ma mère avait occulté la télé où l'on passait encore des flashes d'information sur notre drame.

Tout pour être heureux

— Il le faut, me dit-elle. Il n'y a que toi qui puisses le faire.

Le lendemain, j'étais allongé avec Joy et Alexandre sur la pelouse du jardin. A un moment, je les juchai tous deux à califourchon sur ma poitrine. Ils riaient. J'avais une boule dans la gorge. Puis soudain, quelque chose se déchira.

— Maman a eu un accident, elle est blessée, elle va mal...

— Est-ce qu'elle va mourir ? demanda Alexandre.

Joy jouait avec un lapin blanc en peluche.

— Je ne sais pas, Alexandre. Je ne sais pas...

Le plus insupportable, c'était son silence. Par compensation, je n'arrêtais plus de lui parler. Je lui racontais des histoires, tout ce qui me passait par la tête. Je lui disais de se battre, qu'elle était belle et formidable, qu'on avait besoin d'elle.

— Tu nous manques, Diane. Tellement...

Je lui parlais de ses amis. Parfois, ce que je lui confiais était si drôle que j'en pouffais moi-même tout seul. C'était tragique. Quiconque aurait pu voir un type éclater de rire au chevet d'une mourante aurait immédiatement pensé qu'il était dingue.

Mais peut-être l'étais-je réellement ?

Peut-être qu'à un certain degré le chagrin rend fou.

J'avais demandé à quelques amis qu'on aimait d'enregistrer pour elle de petits messages de tendresse. Dès que j'arrivais à son chevet, je les lui passais sur un lecteur de cassettes. Je les commentais. Je lui demandais son avis jusqu'à ce que l'infirmière me prévienne que la visite était terminée. Ce monologue à deux allait durer près de trois mois.

Un matin, trois semaines après l'accident, Marta débarqua à l'hôtel. Pâle, tendue, terrifiée. Elle ne voulut même pas prendre le temps de monter une minute dans sa chambre.

— Conduis-moi auprès d'elle.

La veille, Diane avait subi un traitement très dur.

Son visage était méconnaissable. Je tentai une dernière diversion.

— Attends encore un peu, Marta. C'est trop tôt... Pas maintenant...

Elle était dans un tel désarroi qu'elle finit par se laisser convaincre. Pendant plusieurs jours, elle resta donc dans son hôtel, à attendre. Son angoisse augmentait. Chaque matin, j'inventais de nouveaux prétextes. Jusqu'au jour où, à bout d'arguments, il fallut bien que je m'incline.

Hôpital de Bordeaux, section des grands brûlés...

Marta entra en tremblant dans la chambre stérile, découvrit Diane et se mit à pleurer.

8 heures du matin. Je suis dans mon hôtel. Mon portable sonne. C'est le médecin chef...

— Je n'ai pas de très bonnes nouvelles...

On croit qu'on s'y habitue. Pas du tout. La même tenaille froide vous tord le plexus.

— Dans la nuit, la température de votre femme a encore augmenté.

— Combien, docteur ?

— 42°7.

Impossible ! Il se fout de moi... 42°7, ça n'existe pas. A 42°7, tout le bazar disjoncte, on est mort !

— Il y a plus préoccupant... Nous craignons que ses jambes soient en train de se gangrener.

— Qu'est-ce que vous allez lui faire ? ai-je bégayé.

— L'amputer.

Combien de temps peut-on rester en apnée ?

— Amputation des deux jambes.

Je regarde par la fenêtre. C'est étrange. Le ciel n'a plus de couleur, il est tout blanc.

— Nous n'avons pas le choix. Nous l'opérons dans une heure.

Je retourne vers mon lit. J'enfonce ma tête dans le polochon, je le déchire avec mes dents et je me mets à hurler comme un chien. Je suis seul.

Il paraît que le même jour, à midi, un ami est venu me voir, Didier. Il me le jure. Je le crois, il a sûrement raison. Mais je ne me souviens de rien. J'étais hagard. J'avais peur de sortir. J'avais peur de rester à l'hôtel. De parler. De me taire. De respirer.

A 9 heures, le professeur Saillant m'appelle.

— Je viens d'avoir son chirurgien. Il me confirme l'amputation. Sois courageux. J'arriverai à Bordeaux à 6 heures.

Plus on essaie de ne pas penser, plus on pense.

Mais comment arrêter cette ritournelle de malheur qui tourne dans ma tête ? *C'est fait, on l'opère, on l'a opérée, elle n'a plus de jambes...* Et comment refouler ce mot qui me déchire la poitrine : *cul-de-jatte*. Je n'arrive pas à l'évacuer... Je le tourne dans tous les sens. C'est horrible, d'être cul-de-jatte, mais si ça la sauve, si elle est vivante, si je peux la garder en vie... Je n'ose plus regarder ma montre. *C'est fait, c'est fait...*

Seigneur, *faites que ce ne soit pas fait* !

A 5 heures et demie, je vais à l'aéroport. Saillant débarque avec le professeur Grosgogeat. Paroles de réconfort... *C'est fait, c'est fait, c'est fait...* On arrive à l'hôpital. Cette fois, c'est foutu, Diane n'a plus de jambes.

A peine dans le hall, on aperçoit son chirurgien...

Il vient vers nous. Je me retiens au mur pour ne pas tomber dans les pommes.

— Alors ? demande Saillant.

— On a défait les bandelettes ce matin...

Tout pour être heureux

Je ne veux pas en entendre davantage. Si je pouvais me boucher les oreilles comme on peut fermer les yeux, je le ferais.

— Finalement, ce n'était pas la gangrène. On n'a pas coupé.

Qu'est-ce qui me retient de lui sauter à la gorge ? Il est un peu plus de 6 heures du soir. Depuis le matin, je crève de terreur, et personne dans ce putain d'hôpital n'a pensé à me prévenir que l'opération n'aurait pas lieu ! On m'a laissé sur le flanc pendant neuf heures d'affilée, sans un signe, sans un mot...

— Cet excès de fièvre m'intrigue, enchaîne le chirurgien d'une voix posée. Peut-être cette trop grande accumulation de traumatismes ?... A un moment, on a frisé les 43 degrés !

Je lui jette un regard. Ces explications techniques ne me sont même pas destinées — après tout, je ne suis que le mari. Elles s'adressent à des collègues, de pair à pair. A quoi bon lui en vouloir ? Il fait partie d'un système voué à l'efficacité purement mécanique.

La détresse d'autrui n'y entre jamais en ligne de compte. Amputer ou pas... Pour le reste... ni psy ni curé.

— Docteur, pouvez-vous me répéter que ma femme a toujours ses deux jambes ?

— Absolument.

Merci pour l'angoisse.

4

La vie se poursuivait coma après coma. Je vivais maintenant avec les grands brûlés.

Chaque jour était lourd de nouvelles menaces.

Diane n'avait toujours pas ouvert les yeux.

Un matin, le patron de la chirurgie plastique me demande de passer dans son bureau.

— Je veux vous parler de différentes choses. On fera un état des lieux pour voir où nous en sommes.

Je fonce à l'hôpital. Un médecin m'accompagne. Un ami. Avec le recul, je pourrais presque dire un témoin.

Parce que, si j'avais été seul, ce que j'allais entendre n'aurait plus eu l'air croyable.

— Vous le savez, votre femme est brûlée au troisième degré sur 20 pour cent du corps. C'est très grave. Mais pas mortel. En revanche, ses brûlures au visage nous posent un problème beaucoup plus délicat...

— De quel ordre, docteur ?

— Esthétique. On ne sait pas comment vont évoluer les lésions. Ni jusqu'à quel point pourra intervenir la chirurgie reconstructive. Ce sont des brûlures très dures.

Depuis peu, chaque désastre annoncé redoublait ma morsure au plexus d'une douleur aiguë dans la zone du cœur.

— Vous voulez dire que, si ma femme survit, elle restera défigurée ?

Il a un geste vague.

— Je n'ai pas dit ça. Mais au cas, je dis bien au cas où aucune amélioration ne serait possible, je voudrais vous rassurer. Nous avons des masques.

— Des masques ?

— Oui. On pourra lui fabriquer un masque.

Un masque !

Il faut croire que mon visage se décompose. Mon ami se lève brusquement, me prend par le bras et m'entraîne vers la sortie. Un souvenir me foudroie : à douze ans, Diane avait fait sa retraite de confirmation dans un couvent de l'île Sainte-Marguerite. A l'endroit même où l'on avait enfermé le Masque de fer.

La première fois, avec Diane, c'était à Loué. Avant de m'y arrêter, je n'avais jamais entendu ce nom de ma vie. J'ai appris depuis qu'il s'agissait de la capitale du poulet. Mais ce jour-là, il ne s'agissait pour moi que d'une imprévisible étape entre La Baule et Deauville. On était en voiture. On roulait depuis longtemps. La nuit tombait. J'avais faim.

Tout pour être heureux

Je vis l'enseigne d'une auberge.
— On s'arrête ?
On nous servit à dîner dans la grande salle.
Je ne sais plus ce que nous avons mangé — du poulet probablement : à Loué, que manger d'autre ?
De toute façon, à cet instant, j'aurais été incapable de dire ce que j'avais dans mon assiette. Je pensais à des tas d'autres trucs. Diane me faisait face.
J'observais à la dérobée ses yeux verts, sa masse de cheveux souple, vivante, entre le cuivre et l'or...
— Nous pourrions peut-être dormir ici ? ai-je hasardé.
— Pourquoi pas ? dit-elle d'un ton neutre.
Je me levai de table, elle m'emboîta le pas. Devant le type de la réception, je pris un air aussi naturel que possible.
— Vous avez deux chambres pour la nuit ?
Il nous dévisagea d'un air bizarre. Diane ne bronchait pas.
— Vous avez bien dit *deux* ?
— Deux.
Il me tendit les clés. Mais nous ne vîmes jamais qu'une seule chambre. Sitôt entrés dans la première, je refermai la porte derrière nous. Pour ne plus la rouvrir de la nuit. Au matin, on reprit la route. J'étais heureux. Il faisait beau. Sans bien savoir pourquoi, j'avais fourré la note dans ma poche. Peut-être pressentais-je qu'elle

marquerait le grand tournant de ma vie. Je l'ai toujours, comme un fétiche : hôtel Ricordeau, Loué.

Quoi que l'avenir nous réserve, je savais que je ne l'oublierais plus.

Dieu soit Loué, pensais-je, Dieu soit Loué !

Je suis notaire. Je m'occupe des veuves, des orphelins, des litiges, des partages. Mais depuis mon arrivée à Bordeaux, tout ce qui structurait ma vie *avant* m'était complètement sorti de la tête.

J'avais complètement délaissé mon étude, mes devoirs, mes clients... Pourtant, à l'extérieur, le monde continuait à tourner. Mille demandes, mille problèmes.

Les projets de Diane étaient bloqués.

Ses collaborateurs défilaient dans mon hôtel pour prendre de ses nouvelles. Mais surtout, il y avait les enfants. Ma mère se rongeait les sangs.

Elle m'appelait à longueur de journée.

— Ce qui est terrible, Dominique, c'est qu'ils ne posent aucune question. Et moi, je ne sais quoi leur dire.

Des psys me mirent en garde.

— Leur silence prouve à quel point ils ont peur de savoir. Si vous voulez éviter la casse, il faut insister, les préparer au pire. Leur parler.

— Je l'ai déjà fait.

— Pas assez. Il faut ne rien leur cacher de la

vérité. Leur dire que leur mère est en danger de mort.

Facile à dire... Un matin, je pris l'avion.

A Fontainebleau. Ma mère m'attendait. Elle ne se perdit pas en discours.

— Les enfants sont dans le jardin.

Quand je les aperçus, je crus que j'allais craquer.

Joy berçait sa poupée en suivant des yeux les oiseaux dans les arbres. Un brin d'herbe entre les doigts, Alexandre se concentrait sur une colonne de fourmis en marche. Je n'étais venu que pour eux.

Maintenant, au pied du mur, c'était affreux, je ne savais plus comment m'y prendre. Mes mains tremblaient. Mais il fallait que j'enfonce le clou.

— On ne sait pas si maman survivra.

Voilà, c'était dit. Simultanément, je me rendais compte que c'était la première fois que j'évoquais à voix haute ce que je ressentais moi-même en secret, un aveu d'irrémédiable défaite. Au fil des semaines, devenu à mon tour un peu médecin, peut-être avais-je admis sans le savoir ce qu'on essayait de me faire comprendre à l'hôpital depuis le premier jour : le combat était perdu d'avance.

A chaque jour, son cauchemar.

— On ne peut pas laisser cette situation

s'éterniser. On va sortir votre femme de son coma artificiel.

Diane y était maintenant plongée depuis six semaines. Après l'accident, elle avait émergé d'un premier coma naturel. Mais son état était si précaire qu'on en avait provoqué un autre pour atténuer ses souffrances. On la gorgeait de morphine à doses massives. Et comme l'intubation prolongée lui faisait courir trop de risques, deux jours avant, on avait eu recours à une trachéotomie.

— On arrête aussi presque toutes les drogues. On a besoin de savoir comment elle va réagir.

— Et si elle en meurt ?

— Si on ne le fait pas, elle meurt aussi. On n'a pas le choix. C'est un risque à prendre.

Au bout de trois jours, aucune réaction. Diane ne bougeait toujours pas, ne parlait pas et n'ouvrait pas les yeux. Dans les couloirs, je faisais le siège des spécialistes.

— On ne comprend pas... Nous allons essayer de pratiquer un scanner.

Le quatrième jour, je sentis chez eux une certaine gêne. Leurs réponses devenaient évasives : « C'est trop tôt, c'est trop tôt. » Plus j'insistais, plus on se dérobait.

Finalement, on me lâcha la vérité.

— On craint qu'elle ait la moelle épinière sectionnée.

Pour oublier, certains boivent.
Si ça les aide à survivre, pourquoi pas ?

Tout pour être heureux

Moi, quand tout allait trop mal, j'allais me frotter aux arbres. Dès que j'étais oppressé, je me rendais dans un parc magnifique au centre de la ville. Il y avait des arbres centenaires d'une beauté prodigieuse, des cèdres inouïs. J'arpentais les allées pendant des heures...

Je suis très superstitieux. Je pensais que le bois, qui est la chair vivante des arbres, allait nous porter bonheur à Diane et à moi. Nous protéger, inverser nos chances. J'en étais sûr. Et je les touchais.

Souvent, je marchais en priant.

Les passants qui me voyaient marmonner en caressant les troncs de la main devaient me prendre pour un débile. Je m'en fichais. Au cours de ma promenade, je renouvelais le rituel des dizaines de fois...

Ou alors, je m'adossais au tronc et je fermais les yeux. Il faut croire que ce n'était pas si idiot.

Un matin, alors que je venais de me recharger en énergie, je croisai un interne dans le hall de l'hôpital.

— Ce n'est pas ce qu'on croyait ! On a les résultats, sa moelle est intacte !

C'est en voyant quelques feuilles mortes dans mon parc enchanté que j'ai compris qu'on était en automne. Il y avait donc dix semaines que j'étais à Bordeaux, la peur au ventre.

Dix semaines où, chaque jour, je croyais qu'elle allait mourir... Dix semaines à combattre la fièvre. Dix semaines où on la rattrapait tous les jours d'une insuffisance respiratoire, d'un problème rénal, d'une septicémie. Dix semaines de soins incessants, de va-et-vient d'une urgence à l'autre, de bains glacés, d'anesthésie et de greffe sur greffe...

Dix semaines à lutter pour sauver ses jambes...

Dix semaines pour mieux m'abîmer dans sa souffrance, vivre au jour le jour, minute après minute, et faire le vide, ne penser à rien, surtout pas à l'avenir.

Tout en sachant que, quoi qu'on fasse, on ne peut pas tout sauver... Vient toujours le moment où l'on doit renoncer, baisser la tête.

— Sa main est dans un état très alarmant.
— Quelle main, docteur ?
— Sa main gauche.

Très nettement, je me suis entendu bégayer.

— Qu'est-ce que vous allez lui faire ?
— Lui couper les doigts.

J'ai crié, j'ai supplié pour gagner un peu de temps, je lui ai demandé d'attendre, de continuer à se battre, d'essayer encore. On avait bien sauvé ses jambes, alors, sa main...

Je n'ai pu la lui conserver que trois jours.

Après, ils lui ont coupé les doigts. Sauf le pouce.

Ce que j'ai ressenti était très bizarre... Cette petite main, qui était si malade, j'avais fini par l'aimer encore plus que l'autre.

Depuis une semaine, il était question de rapatrier Diane de Bordeaux à Paris.

— Elle va avoir besoin d'autres soins. Elle sera plus près de sa famille. Ce serait mieux...

La déplacer ? L'idée m'épouvanta. Elle était trop fragile.

— En avion sanitaire, me dirent les médecins, avec deux d'entre nous pour faire face au moindre coup dur, c'est envisageable.

Il nous fallut palabrer des heures pour que rien ne soit laissé au hasard. On choisit l'hôpital, ce serait Saint-Louis réputé pour son service de réanimation. On fixa la date du transfert. L'appareil était une véritable clinique volante tellement bourré de matériel médical qu'il n'y avait même plus une place pour moi. Tant pis. Je rentrerais en voiture.

Je venais d'entrer dans la chambre de Diane à Saint-Louis lorsque je me sentis envahi par une sensation bizarre. Un sacré choc.

Un courant électrique... Je ne compris pas tout de suite pourquoi. L'onde de chaleur persistait. Alors, j'ai observé ma femme. Même corps immobile. Même silence. Même visage figé. Mais dans ce visage mort, brusquement, un changement extraordinaire venait de se produire : ses deux yeux grands ouverts, Diane me regardait !

On croit avoir tout vu. Mais non. Il y a pire. Toujours. Une espèce de hiérarchie dans l'horreur. Bordeaux, les grands brûlés, c'était à peine soutenable. Mais Saint-Louis... On arrive pour voir sa femme et on se retrouve face à des petits cancéreux, des gosses de dix, douze ans qui se déplacent dans les couloirs, cheveux rasés, mine défaite, une bouteille de sérum accrochée à la jambe. Une détresse absolue à vous glacer le cœur. Au bout du couloir, je poussai la porte d'une chambre. Diane était allongée, les yeux ouverts. Mais y voyait-elle ?

Pour en avoir la certitude, je me déplaçai autour de son lit : ses yeux me suivaient ! Elle *voyait* ! De là à *entendre*, il n'y avait peut-être qu'un pas !

Je lui avais toujours parlé depuis son accident.

Maintenant, je n'arrêtais plus, ça devenait du délire.

— Diane, tu m'entends ? Tu peux me répondre ?

Aucun son ne sortait de ses lèvres figées.

— Dis-moi que tu m'entends... Dis-le avec tes yeux.

Et un jour, la chose arriva : elle me le dit avec ses paupières dont je perçus un infime battement !

Je me retins pour ne pas pleurer, hurler de bonheur ou me jeter à genoux comme le type sur le court qui vient de marquer le point gagnant en finale de Wimbledon.

Après un noir absolu qui avait duré plus de

dix semaines, nous allions pouvoir de nouveau être reliés l'un à l'autre. Communiquer ! Non par des mots, pas encore, mais grâce à un signe, un signe qui avait un sens.

Malheureusement, dès le lendemain, le conte de fées passait à la trappe. A la suite des greffes qu'on lui avait faites à Bordeaux pour suturer ses brûlures, des rétractations s'étaient produites. Elle ne pouvait fermer les yeux qu'aux deux tiers. Desséchée, la cornée était en train de se dégrader à une vitesse angoissante.

— Elle risque de devenir aveugle.

La phrase habituelle de ceux qui subissent, *ma* phrase, me monta aux lèvres.

— *Qu'est-ce que vous allez lui faire ?*
— Lui coudre les yeux.

Ce qui fut fait. On scella l'une à l'autre ses paupières. Ainsi, après avoir entrevu une minuscule lueur, Diane replongeait dans sa nuit.

5

A force d'être sur le qui-vive, peut-être devient-on un peu parano ? Agression, manque de tact, absence de délicatesse... J'étais à vif, tout me blessait. Après les jambes qu'on allait couper, les 43° de fièvre fatals ou l'épisode du masque, je pris un autre grand coup.

J'étais dans le hall de l'hôpital avec trois médecins.

Ils parlaient de Diane. De ses chances de survie.

Tous étaient d'accord sur un point, elles étaient infimes.

— Ce qui ne nous empêche pas de la soigner comme si, plus tard, elle devait vivre *normalement*.

J'appréciai.

Bientôt, leur propos glissa sur des sujets déontologiques plus généraux. D'après eux, leur devoir absolu était de prolonger la vie aveuglément, sans se poser de questions. Même s'il s'agissait d'une survie végétative. Même si la mort de leur patient était programmée pour l'instant d'après. N'était-ce pas encore plus noble de continuer tout en sachant que ça ne servait à rien ?

J'étais là. J'entendais tout. Ils ne me regardaient pas mais n'avaient parlé que pour moi. Merci, messieurs.

Reçu cinq sur cinq : le recours en grâce est rejeté.

Deux choses m'avaient hanté dans mon enfance, cette fameuse peinture de Jérôme Bosch et le vers d'un poème de Hugo, « L'œil était dans la tombe et regardait Caïn ». Même si j'en refusais l'évidence de toutes mes forces, je savais bien que Diane n'était plus tout à fait chez les vivants, mais du côté de la mort, et presque dans la tombe... Au gré des traitements qu'elle endurait, ses yeux n'étaient plus là pour me parler... Avec ce regard qui s'éteignait, je perdais l'ultime contact qui nous restait. Parce que Caïn, c'était moi. Et cet œil dans la tombe, c'était le sien, l'œil de Diane. Qui, soudain, se refermait sur son mystère. Ne me regardait plus.

Et m'entraînait à sa suite dans le noir.

Voilà, c'était ainsi. Jour après jour, je cessais d'exister. De temps en temps, on m'annonçait une autre intervention à la manière presque distraite dont un maître d'hôtel débordé m'aurait lu le menu du jour dans un restaurant.

— Elle a beaucoup de fièvre aujourd'hui, elle est très mal... On va lui enlever la vésicule biliaire.

Je me disais : encore une opération. Elles se succédaient à une cadence qui me paniquait. Quand on la ramenait du billard, il était déjà question de la prochaine. Il fallait pratiquer de nouvelles greffes.

C'était sans fin, on perdait pied. Opération du matin, parfois du soir ou même de la nuit, quand il fallait parer au pire.

Le jour où j'ai cessé de les compter, Diane en avait déjà subi quatre-vingt-deux.

Elle avait le don de réinventer le monde. Selon son caprice, elle rebaptisait les choses et les êtres. Marta s'appelait Zouzou. Lucien, son père, Titsou. Plus tard, notre fils Alexandre devint Pioupiou. Joy, sa sœur, Beauté des années 2000.

Moi, j'étais Bouchougne. Pourquoi Bouchougne ?

Allez savoir...

Le sort a voulu que je ne sois pas auprès de Diane la première fois où un son est sorti de sa bouche. C'était le jour de Noël. Je venais de déposer les enfants à Courchevel. Mon portable a sonné.

— Ne quittez pas, me dit une voix, je vous passe votre femme...

Abasourdi, je garde mon oreille collée à l'écouteur sans bien saisir ce qu'on me raconte. Et soudain, j'entends. Ni un mot, ni un nom ou une phrase, mais *un son*, un son sans signification modulé sur plusieurs registres, une espèce de raclement de gorge entrecoupé de silences, un *son* rauque venu du fond de l'être... A la fois appel, plainte, révolte et grondement de bonheur...

C'est moi, je vis, écoute-moi, j'ai mal...

Je n'ose plus parler. Je ne veux rien perdre de cette vibration sourde qui me poignarde. Je me dis si elle recommence, je ne l'entendrai pas, je vais me priver de quelque chose d'unique, de précieux, de définitif...

De nouveau, la voix de l'infirmière.

— A votre tour, parlez... Parlez-lui !

Mais ma gorge est bloquée... Je ne peux pas.

— Allez-y... Elle vous écoute...

Alors, je réussis à bégayer trois mots.

— Diane... Je t'entends... Je t'entends...

Et en retour, dans une espèce de déchirure insupportable, je perçois les trois syllabes de mon surnom : Bou-chou-gne...

J'allais rencontrer son père. Je n'en menais pas large. A lui seul, le nom de Lucien Barrière m'impressionnait. Il avait hérité de son oncle, le mythique François André, petit paysan ardéchois qui avait démarré sa vie en livrant des tonneaux de bière dans des bistrots de bleds perdus de l'Ardèche profonde.

Ce qui ne l'avait pas empêché de faire naître en France au cours des années 20 un fabuleux empire dédié au luxe, à la beauté et au bonheur de vivre.

Palaces, casinos, galas, feux d'artifice, sa vie avait été une légende emplie d'éclats, de bancos, d'éblouissements et de femmes fatales. Mais entre ses doigts de magicien, ses coups de dés géniaux et ses intuitions visionnaires, la chance était devenue une industrie lourde employant des milliers de personnes.

A sa mort, Lucien avait pris la suite.

— Il ne te mangera pas, me dit Diane.

Mon embarras l'attendrissait. Après cette première nuit à Loué, nous roulions vers Deauville. Plus on s'en rapprochait, plus j'avais le trac. Je savais que j'allais être jugé, pesé, admis ou rejeté...

— Courage, me souffla-t-elle, tiens bon...

Tiens bon, tiens bon, j'aurais bien voulu la voir à ma place...

Dès qu'on rendait à Diane l'usage de ses yeux, le seul éclat de son regard semblait redonner vie à l'ensemble de son corps détruit. Un regard aigu, perçant, magnétique, qui allait rester rivé sur moi pendant les trente-deux semaines de son hospitalisation à Saint-Louis.

Un jeune interne s'était juré de lui réapprendre à parler. Il était enthousiaste et brillant.

Chaque jour, il lui rendait visite.

— On va y arriver, vous verrez... Simple question de patience. Et de temps...

Déjà, chez Diane, quelque chose recommençait vaguement à frémir. Un matin, elle arriva à faire claquer sa langue. Que voulait-elle me dire ?

Fou d'espoir, je la bombardai de questions.

— Diane, tu m'entends ?

Claquement de langue : oui, elle m'entendait !

Au fil des jours, on tâtonna pour établir un code.

La base, d'abord. Un claquement pour oui. Deux pour non. Ça n'avait l'air de rien : c'était pourtant un premier pas extraordinaire dans le monde des vivants.

Et l'accès à ce pouvoir ineffable, dire ce qu'on désire. Ou ce qu'on ne veut pas.

Désormais, tout me semblait possible...

— Diane, c'est formidable, tu comprends ça ?

De nouveau, le petit bruit sec. Bientôt, on se mit à élaborer tout un alphabet-claquement de langue.

Parallèlement, on lui montrait des lettres, A, B, C...

On formait des mots. Elle approuvait. Ou refusait.

Balbutiements, clins d'œil, syllabes, claquements...

La rééducation était permanente. Elle allait durer des semaines, des mois, des années...

Les jours filaient trop vite.

Si la visite dépassait le délai prévu, l'infirmière chef, une vraie peau de vache, me virait sèchement.

Pas de faveur, l'horaire, l'horaire...

Avant de refermer la porte, j'avais droit à un ultime claquement. Pour celui-là, pas d'équivoque : je t'aime !

Malgré les traitements intensifs, on commençait à se rendre compte que Diane restait toujours paralysée. Un jour, dans le couloir, une des kinés qui s'occupait d'elle me prit à part. Elle était jeune, jolie, dévouée. Elle eut un coup d'œil en biais pour s'assurer que personne ne pouvait l'entendre.

— J'ai un aveu à vous faire, me dit-elle en me regardant droit dans les yeux. Malgré la rééducation, il n'y a aucun progrès.

— Vraiment rien ? Vous êtes sûre ?

— Rien. C'est décourageant. Elle ne bouge rigoureusement pas.

— Mais pourquoi ?

— Je l'ignore.

— Puisque la moelle épinière est intacte ?

— Je ne suis pas médecin. Je comprends mieux avec mon instinct et le bout de mes doigts qu'avec des formules. Et mes doigts ne sentent rien.

Je repartis à la charge des spécialistes.
Eux non plus ne savaient pas très bien.
— Logiquement, elle devrait bouger.
— Mais pratiquement ?
— Rien. Inertie totale.

Finalement, on trouva : la fièvre effroyable qui avait fait croire à la gangrène lorsqu'on voulait l'amputer avait provoqué une *sidération* des nerfs.

— Comme si l'on était pris dans un brasier. Tout brûle, tout est consumé. Le système entier disjoncte.

Pour me ménager, on me précisa que des nerfs hors d'usage, pouvaient, *parfois*, repousser de quelques millimètres par an.

— Et si ce n'était pas le cas, docteur ? Si rien ne repoussait ?

— Alors, malheureusement, il n'y aurait plus grand-chose à attendre.

Le lendemain, je revis la kiné.

— Merci de m'avoir ouvert les yeux. Tout le monde se dérobe... La vérité fait peur. Personne ne veut la dire.

— Ni l'entendre, corrigea la kiné avec douceur.

C'était vrai. Ne pas savoir était plus confortable.

Se mettre la tête dans un trou, faire l'autruche, être lâche pendant quelques secondes, céder à cette irrésistible tentation de fuir... Marta aurait été trop fragile pour affronter la vérité. Elle n'y aurait pas survécu. C'était donc à moi, moi tout seul, d'en supporter la charge. Certains jours, j'en étais écrasé.

Je me serais bien bouché les oreilles pour ne pas l'entendre.

6

Même plus le temps de réfléchir, de me composer une attitude... Deauville, tout le monde descend. Et bien entendu, à peine dans le hall du Royal, on tombe pile sur son père et sa mère, comme s'ils nous attendaient depuis toujours... Lucien a une tête d'empereur romain. Marta semble descendre d'une toile de Van Dongen dont elle a la grâce.

— Bonjour Zouzou, bonjour Titsou !

Embrassades, présentations... Lucien et Marta regagnent leur appartement.

— Eh bien, raille Diane, tu n'es pas mort !

Elle monte dans sa chambre, moi, dans la mienne : fin du premier round.

Quinze jours plus tard, le 19 août, date de mon anniversaire, je suis toujours là.

— On va fêter ça au Privé, Bouchougne. Zouzou et Titsou nous invitent !

Au cours des deux dernières semaines, je les ai souvent rencontrés. Marta semble ne jamais écouter mais entend tout. Lucien écoute beaucoup, parle très peu et m'intimide de plus en plus.

Le soir, au cours du dîner, il me tend à plusieurs reprises des coupes de champagne. J'ai trop le trac pour refuser. Je les avale cul sec, comme de l'Evian.

A la quatrième, Lucien me dévisage avec surprise.

— Mais dites donc, vous aimez ça, vous !

J'ai envie de disparaître sous la table : alors que je déteste l'alcool, mon futur beau-père me prend déjà pour un poivrot !

Quitte ou double : ou les médecins ont raison et elle ne s'en sort pas. Ou mes espoirs se concrétisent, on arrête les soins intensifs et Diane rentre à la maison.

Malheureusement, là où nous vivons, rien ne peut être aménagé pour qu'elle puisse y survivre avec un espoir d'autonomie.

Diane a besoin de soins très lourds, appareillage thérapeutique, personnel médical à demeure, infirmières, kinés, réanimateurs... Il faut partir de son handicap. Tout casser. Tout repenser. Tout reconstruire.

C'est à la fois décourageant et irréaliste.

C'est alors que j'ai la seule idée possible, changer d'adresse, trouver une maison adaptée à des secours de chaque instant.

J'en parle à des amis. Ils m'écoutent avec gêne.

Tout pour être heureux

— Vous prenez vos désirs pour des réalités. A votre place, je ne ferais pas de projets...

— Il a raison, Dominique. Mieux vaut s'attendre au pire. Même si Diane survit, elle sera contrainte à une existence... végétative.

J'écoute ces énormités et je me dis que je rêve...

Que dois-je comprendre ? Qu'on ferait mieux de la laisser mourir ou qu'on doit l'aider à en finir pour abréger ses souffrances ?

Puis, me voilà de retour à l'hôpital. Et je la regarde. Elle a les yeux fixés sur moi. Je comprends tout ce qu'elle ne peut pas me dire. Elle n'est plus différente.

Aussi longtemps qu'elle aura besoin de moi, je suis prêt à la veiller comme une enfant malade. Tout ce que je veux, c'est la garder, ne pas la quitter, amochée ou pas, paralysée ou non, muette ou gémissante, avec ou sans ses yeux, mais surtout, qu'elle vive, que son cœur continue à battre, qu'elle vive, qu'elle vive !

Des bruits ont couru... Acharnement thérapeutique... L'argent... J'ai entendu tellement d'âneries sur l'argent que je pourrais en publier un florilège... *Mieux vaut sangloter dans une Rolls que sur un Solex... Sans argent on n'est rien du tout... L'argent ne fait pas le bonheur mais il y contribue...*, etc.

A croire que c'est l'argent, la nature même de l'argent, qui fait naître la bêtise, le malentendu, l'envie, la jalousie, la cruauté, la haine. Tout est consternant.

— Si vous aviez été fauchés, elle serait morte tout de suite, elle aurait été libérée...

Libérée de quoi ? De la vie ?

Car tel est le choix : *sur* terre ou *sous* terre.

Ce qui met fin, comme chacun sait, à toutes sortes d'ennuis. Mais aussi à tout le reste. Elle n'aurait plus jamais embrassé les êtres qu'elle aimait, ni été solidaire des quatre mille collaborateurs structurant son groupe, ni vu le soleil se lever tous les matins qui lui restaient à vivre.

Personne, au premier jour de sa vie, n'a choisi d'être beau ou laid, intelligent ou idiot, riche ou pauvre.

Dans cette grande loterie de la naissance et de la destinée, les fées distribuent les cartes et jouent avec nos désirs. Certains veulent devenir puissants, riches, célèbres. D'autres pas. Leur vie est ailleurs. Ni dans la possession, les luttes de pouvoir ou les feux de la rampe, mais sur le versant plus secret du monde sensible.

Au départ, rien ne prédisposait Diane à recevoir la manne qui allait lui échoir. Sa grand-mère maternelle, épouse d'un banquier, s'était enfuie de Hongrie sous la pression des événements politiques.

Elle avait débarqué en France sans un sou, ses deux petites filles sous le bras, Maria et

Marta. Deux enfants, mais qui faisaient déjà des pointes à l'opéra de Budapest. Il avait bien fallu survivre. A peine adolescentes, les deux sœurs, férocement chapeautées par leur mère, se produisaient déjà de théâtre en théâtre comme danseuses acrobatiques.

Puis le temps avait passé.

La plus jeune des deux, Marta, sortait d'un mariage raté dont elle avait eu une fille, Diane.

C'est alors qu'elle avait rencontré Lucien Barrière.

Coup de foudre, mariage après la mort de son oncle François-André et bientôt, adoption de Diane.

Voilà comment, par cette étrange accumulation de circonstances, de rencontres fortuites et de hasards, Diane, fille d'une danseuse acrobatique hongroise et d'un chef d'entreprise français qui se ruinait au jeu, était devenue héritière de l'empire légué à Lucien par son oncle, fondateur authentique de la dynastie.

Elle n'avait rien cherché, rien souhaité, rien demandé. Ni sa fortune, ni sa tragédie.

Beaucoup de gens pensent que la richesse attire la scoumoune. Et que tout excès de bonheur doit fatalement se payer d'une espèce de châtiment divin.

Mais pourquoi Diane ? Elle était innocente.

Avec ou sans argent, elle n'avait jamais fait de mal au bon Dieu.

Un corps humain, c'est comme une voiture. Si une pièce casse, le reste fout le camp. Pour qu'elle remarche, il faudrait remplacer le moteur.

Malheureusement, on ne change pas de poumons comme on remplace une bielle. Ceux de Diane étaient trop détruits pour être efficaces. Elle était sous assistance respiratoire constante. La machine faisait le travail. Progressivement, pour l'entraîner à respirer par ses propres moyens, on commença à la débrancher.

D'abord, pendant quelques secondes.

Puis, quelques minutes.

Dans un sifflement de gorge qui vous serrait le cœur, Diane se battait pour que l'air lui parvienne. Petit à petit, on constata d'infimes progrès. Ses muscles tressaillaient, certains œdèmes disparaissaient, ses alvéoles se restructuraient.

On se mit à espérer. Peut-être allait-elle finir par respirer sans aide mécanique ?

Au bout de plusieurs mois, elle avait acquis une toute petite autonomie. Oh, pas grand-chose, juste un semblant de batterie très faible. Le travail consistait à la remettre en charge. Mais ça épuisait Diane énormément. A chaque instant, la petite lueur vacillante menaçait de s'éteindre.

Alors, on rebranchait très vite la machine.

Tout pour être heureux

Au cours d'une interview, un journaliste m'a posé la question : pourquoi l'aimez-vous ?

Ça m'est sorti d'un coup, brut de décoffrage, sans réfléchir.

— Elle a des taches de rousseur, des yeux verts et un caractère de cochon.

J'ose à peine le dire, mais pour ce dernier trait, je ne l'en aimais que davantage.

Un jour de mai, par le plus grand des hasards, un ami m'invita au dernier moment à Roland-Garros.

Diane venait juste de partir pour un déjeuner avec des copines. En général, les papotages et les fous rires se prolongeaient très tard dans l'après-midi.

A quoi bon la prévenir ? De toute façon, elle n'était pas libre et mon copain n'avait qu'une seule place disponible. J'y allai donc seul. Le match fut fantastique.

La soirée, beaucoup moins.

— Où as-tu passé ton temps ?

Nous étions à table. L'air innocent, Diane dégustait son truc favori, un yaourt sans matières grasses. Je n'avais aucune raison de me méfier. Ni de me sentir coupable. Encore moins de lui répondre à côté.

Allez savoir pourquoi, c'est pourtant ce que je fis.

A mes yeux, simple omission pleine de délicatesse : je ne voulais pas lui faire sentir que j'avais pris un moment de plaisir sans elle.

— J'étais au bureau.
— Menteur ! cria-t-elle. Je t'ai vu à la télé ! Tu étais à Roland-Garros dans la loge de Cauchy !
— Et alors ?
— Tu ne me l'as pas dit !
— Où est le crime ?
— Le crime, c'est de mentir !

Un tel drame pour si peu de chose, j'éclatai de rire.

A tort. Pendant dix ans, à la moindre brouille, j'eus droit à l'histoire de Roland-Garros.

— Peux-tu me dire pourquoi tu me ressors toujours ce vieux truc ?

Elle me regardait par-dessus ses lunettes.

— Parce que je n'ai rien d'autre à te reprocher, Bouchougne.

Il était vital qu'elle sorte de réanimation pour savoir comment réagiraient les muscles de ses bras et de ses jambes.

Et ses nerfs, allaient-ils repousser ?

Les hauts et les bas étaient terribles. A l'aube, elle semblait revivre. Le soir, elle était mourante. A tout moment, il fallait parer au danger, excès de fièvre, étouffements, ou alors, les escarres infectées.

Côté greffes, ce n'était guère plus encourageant.

Pour qu'elles tiennent, elle avait besoin d'une

alimentation riche en vitamines et en oligo-éléments.

Or, impossible de lui administrer quoi que ce soit par voie buccale. Il fallait donc la nourrir par perfusion.

Le résultat était désastreux : réactions de rejet et problèmes gastriques sévères. On était coincés. Toute amélioration d'un détail remettait tout l'ensemble en cause. Un jour, on m'annonça qu'elle n'avait plus rien à faire à Saint-Louis.

— Il faut que la rééducation se poursuive ailleurs, avec de nouveaux spécialistes.

— Où voulez-vous l'envoyer, docteur ?

— A Garches.

7

Peu avant nos adieux à Saint-Louis, Diane passa à deux doigts de la mort à cause d'une erreur humaine. Un jeune interne, en manipulant les manettes d'arrivée d'oxygène, se trompa et appuya sur *off*.

A la seconde, l'air n'arriva plus dans le tuyau.

Diane se mit à suffoquer.

Comment le faire savoir ? Elle ne pouvait ni parler, ni bouger. Aucun signal de détresse possible.

Pendant que l'interne s'affairait à d'autres réglages, les yeux révulsés, Diane entrait dans une spirale noire. Plus d'air. Elle se sentit partir. Plus tard, elle me raconta qu'à cet instant elle avait eu conscience de vivre ses derniers instants.

Mais bizarrement, tandis qu'elle perdait connaissance, elle pénétrait dans une dimension ineffable dont très peu d'êtres humains soupçonnent l'existence. Elle eut soudain la sensation que son corps, libéré de toute pesanteur, s'élevait dans un bien-être absolu. Elle planait...

Plus de douleurs, plus de souffrance mais une plénitude et un bonheur infinis.

Se sentir mourir était divin, on allait vers la joie...

Après cette expérience, elle me confia qu'elle n'aurait plus jamais peur de la mort. A l'instant même où elle allait rendre l'âme, l'interne, par hasard, posa son regard sur elle, vit son visage livide, s'affola et renversa la manette.

C'est ainsi qu'à Paris, au cœur d'un service de réanimation, on peut mourir d'une erreur.

Par distraction, pour ainsi dire.

On m'avait tout expliqué. Saint-Louis et la réanimation, c'était pour éviter la mort. Garches, pour renaître à la vie. Essayer de sauver ce qui était récupérable.

En pressentant sans doute que, pour Diane, il n'y avait pas grand-chose à récupérer.

Ce qui ne m'empêchait pas de faire semblant de ne pas comprendre. Quand je voyais mon ami Gérard Saillant, je continuais de délirer à voix haute.

— Ah, Gérard, mon cher Gérard, je voudrais tellement qu'elle rejoue au tennis avec moi...

Léger sourire. J'en redemandais...

— Peut-être pas en simple, mais en double... Jure-moi qu'on rejouera en double !

Après tout, il était l'une des plus grandes sommités mondiales en traumatologie. Il aurait suffi qu'il hoche la tête pour que je le croie.

— On verra bien, disait-il. Tout dépend des opérations...

Avec le recul, je comprends mieux aujourd'hui ce que je lui dois pour son silence. S'il m'avait dit la vérité, il m'aurait achevé.

Diane arriva à Garches en ambulance spéciale. On fit rouler son brancard jusqu'à sa chambre.

Les locaux étaient vétustes...

En traversant les couloirs, au hasard de portes entrouvertes, j'eus un bref résumé de toute la détresse humaine. Elle se lisait dans les regards. Les patients étaient cassés, mutilés, paralysés. Je l'appris plus tard, certains avaient été abandonnés par leur famille. Ils n'avaient plus d'amis. Ils n'avaient plus d'espoir. A cet instant, j'eus l'intuition absolue que Diane, après tant de tortures endurées, ne survivrait pas trois jours à un tel climat de malheur. Si je voulais la raccrocher au désir de se battre encore, il fallait dresser un écran pour la protéger de la terrible réalité des choses. J'eus une idée dingue... J'allai voir les responsables de l'hôpital et leur proposai de faire aménager une salle de balnéothérapie dont les autres accidentés pourraient également profiter. Je leur demandai aussi le droit d'arranger sa chambre à ma convenance.

C'était surréaliste. Mais ils acceptèrent. Les jours suivants, je fis de mon mieux pour créer un environnement chaleureux où Diane aurait l'illusion de se retrouver dans un cadre familier. Je courus les puces, ramenai des lithos sur le jeu et les casinos ainsi que des affiches contant l'histoire de Deauville, de La Baule ou de Cannes. Je rapportai aussi de la maison des lampes anciennes que Diane et moi avions achetées ensemble. Le jour où tout fut prêt, on transféra Diane d'une chambre à l'autre.

— Diane, ça te plaît ?
Battement de la paupière.
— Tu aimerais que quelques-uns de tes amis te rendent visite ?
Claquement de langue : elle acceptait !

Chutes et rechutes. Avec des pics plus marqués dans les extrêmes. A Garches, Diane était toujours au plus mal. Garches rééducation, Garches réanimation, Garches yeux fermés... Parfois les greffes tournaient court. Infection des jambes... Il fallait gratter. S'attaquer à la peau. La remettre à vif...

Simultanément, une heure par-ci, une heure par-là, on lui réapprenait à respirer sans la machine.

— Docteur, je crois qu'elle aimerait bien revoir ses amis... C'est possible ?
— Pourquoi pas ? Si ça l'épuise, il sera toujours temps d'aviser.

Je sentais bien que la réponse signifiait : au point où elle en est, quelle importance ?

Depuis que je vivais dans l'atmosphère des

hôpitaux, je commençais à savoir décoder le sens des phrases au-delà des mots. Pourtant, l'invraisemblable allait se produire.

Timidement, quelques intimes se présentèrent. Aucun d'eux n'avait revu Diane depuis le drame. A quoi bon leur expliquer qu'ils devaient avoir le cœur bien accroché ?

Dans un premier temps, ils furent incapables d'articuler une seule parole. Mais nul, décemment, ne pouvait garder le silence trop longtemps. Ne serait-ce que pour masquer son désarroi, sa gêne et sa stupeur, il fallait parler, parler à tout prix... C'est pourquoi toutes les phrases prononcées par la suite sonnaient faux.

Certains en faisaient trop dans le genre sourires forcés ou paroles réconfortantes. D'autres n'avaient pas assez de contrôle pour arriver à simuler et devaient sortir très vite. J'en ai vu qui sanglotaient dès qu'ils se retrouvaient dans le couloir. A deux ou trois reprises, il m'arriva de soutenir des amis, hommes ou femmes. J'en ai même vu qui tournaient carrément de l'œil. Parce qu'ils aimaient Diane. Qu'ils la connaissaient depuis longtemps. Et qu'ils la retrouvaient dans cet état.

Les visites faisaient plaisir à Diane.
Mais l'épuisaient.

Il y avait dix-huit mois que les enfants n'avaient pas revu leur mère. Après l'accident,

Diane se contentait de leurs photos. Chaque mois, je lui en montrais de nouvelles. Elle les contemplait longuement et me donnait, dans notre langage codé, des messages d'amour à leur transmettre. Avec le temps, elle supportait de moins en moins leur absence.

Malheureusement, quand l'événement se produisit, Diane, une fois de plus, se trouvait en réanimation. Or, les enfants n'y sont pas admis. Je m'étais battu pour les faire admettre. Malgré le veto farouche de l'infirmière chef, j'avais fini par arracher l'accord du médecin « pour quelques minutes seulement ».

A mes yeux, rien ne comptait davantage que ces retrouvailles. Trois jours auparavant, Diane avait frôlé la mort. Le pire, à chaque instant, pouvait arriver.

Comment me serais-je jugé plus tard s'ils n'avaient pu revoir leur mère vivante ?

J'entrouvris la porte. Joy et Alexandre se figèrent.

La pièce, encombrée de tuyaux, de seringues, de fils électriques et d'écrans de contrôle, ne favorisait pas les effusions. Les enfants étaient terrifiés. Je les tenais par la main.

— Eh bien, entrez, n'ayez pas peur...

Moi, j'avais l'habitude. Eux, c'était la première fois.

Je sentis leurs ongles s'enfoncer dans la paume de mes mains. Je les pris tous deux par les épaules et les entraînai vers le lit de fer.

Tout pour être heureux

— Venez embrasser maman...

Mais sur la chair martyrisée, où trouver une place pour poser ses lèvres ? Diane était hérissée de tuyaux.

Un tube lui entrait directement dans la gorge.

Reliés à des électrodes, des fils semblaient sortir de ses bras, ses jambes, ses épaules, son cou.

Alexandre et Joy retenaient leur souffle. Diane les dévorait des yeux. A un moment, je compris qu'elle essayait de prononcer leur nom. Je le devinai plus que je l'entendis. Mais pour eux, ce ne fut sans doute qu'un gémissement sourd venu du fond de la gorge. Soudain, l'infirmière chef fit irruption et nous poussa sans un mot vers la sortie. Arrivé à la porte, je me retournai vers Diane. Son regard me dit merci.

Je la quittai bouleversé.

On se connaissait depuis un an. Diane était de plus en plus belle. Moi, de plus en plus nerveux. J'avais peur de la perdre. Son bouillonnement d'énergie et son désir de s'intégrer aux affaires de son père me flanquaient le trac. Sans parler des *autres, tous les autres*, qui la dévisageaient dès que nous sortions ensemble. Elle faisait des ravages. Pourtant, elle ne cherchait pas à séduire. Mais on n'y échappait pas : son magnétisme était aussi corrosif que les effluves d'un parfum. Jusque-là, j'avais vécu trop libre moi-même pour ne pas sentir le danger. C'était la femme que j'avais choisie entre mille. Je voulais la garder pour moi, m'établir, fonder une famille...

— Diane, et si on se mariait ?
— On n'est pas pressés...

Elle sortait d'une union malheureuse. Peut-être moins par amour que pour échapper à la tutelle de ses parents, elle avait épousé, à dix-huit ans, un garçon qui avait toutes les qualités sauf une : il était presque aussi jeune qu'elle. Six mois plus tard, elle appelait son père au secours.

— J'ai été idiote. Je voudrais divorcer. Aide-moi !
— Dans la famille, on ne divorce pas.
— J'ai vingt ans à peine. Je ne veux pas passer le reste de ma vie avec un homme que je n'aime plus.

Pour Lucien, c'était perdu d'avance : va pour le divorce...

— Bouchougne, tu comprendras que je sois un peu échaudée...
— Possible. Mais en ce qui me concerne, ou tu m'épouses, ou je te quitte.

J'étais furieux. On venait de sortir de Paris. Nous roulions sur l'autoroute de l'Ouest. Au premier péage, je m'arrêtai pour prendre un ticket.

— Il faut que je réfléchisse, dit Diane.
— D'accord. Mais pas trop.
— C'est-à-dire ?

Tout pour être heureux

— Je veux une réponse avant Deauville.

Je me maudis d'avoir lâché un ultimatum aussi idiot... Mais trop tard, c'était dit. Et si elle répondait non ?

Je démarrai comme pour un grand prix. Diane se rencogna sur son siège. Les kilomètres défilaient. Je me concentrai sur la ligne d'horizon. Diane se taisait. Pas un mot. Au deuxième péage, je lui demandai de la monnaie. Elle me la tendit en évitant de me regarder. Je repartis en trombe. Ma vie était en train de se jouer.

Nous arrivâmes en vue du dernier péage.

Sans attendre l'arrêt, Diane me fournit de nouvelles pièces. Je les glissai dans la fente. J'allais redémarrer lorsqu'elle posa sa main sur la mienne.

— OK, Bouchougne, on se marie.

8

Diane n'avait rien avalé depuis plus de dix-huit mois. On l'alimentait par perfusion. Les tuyaux, fichés dans ses veines, les détruisaient inexorablement.

Elles étaient à vif, gonflées, constellées d'auréoles bleuâtres...

— *Il faut* qu'elle recommence à manger par ses propres moyens.

Vraiment ? Mais comment ? Et quoi ? Elle n'avait jamais eu une grande passion pour la nourriture.

J'essayais de me rappeler ce qu'elle aimait.

C'était stupide de ma part : j'appliquais ma logique d'homme physiquement intact à une épave tragique dont tous les organes étaient en lambeaux. Je confondais plaisir de manger et s'alimenter pour survivre.

Mais il fallait bien essayer.

Rentré à la maison, je fis confectionner de la purée de pommes de terre et un morceau de saumon tiède que je rangeai dans un Tupperware.

J'arrivai à Garches. Diane était adossée contre des oreillers.

— Regarde, chérie, je t'ai apporté des trucs que tu aimes...

Je m'assis près d'elle sur le lit et disposai le contenu de ma gamelle dans une assiette. Diane observait chacun de mes gestes. Elle avait l'air d'un oiseau tombé du nid. Un oiseau blessé, malade, l'œil mi-clos, auquel, à l'aide d'une spatule, on glisse dans le bec du pain trempé dans du lait, becquée après becquée.

J'approchai de ses lèvres une minuscule bouchée de purée.

— Allez-y très doucement, me souffla l'infirmière. Elle peut faire une *fausse route*.

— Qu'est-ce que c'est ?

— Sa trachéotomie lui permet de respirer mais la gêne pour avaler les aliments. Et elle est dans un tel état de faiblesse... Elle peut à peine déglutir. Tout ce que vous lui donnez risque de passer directement dans les poumons.

Tous les jours, j'arrivais à Garches à midi pile. Je variais les menus. Quand les aliments étaient dans sa bouche, je me disais mon Dieu, faites qu'il n'y ait pas de fausse route. Diane prenait un temps infini pour déglutir. Parfois, elle y parvenait. Parfois, c'était impossible. Pendant les neuf mois où je l'ai nourrie à la petite cuiller, chaque bouchée était synonyme d'angoisse car j'avais peur de lui donner la mort...

Mais l'espoir m'électrisait : chaque bouchée était aussi un pas de plus vers la vie.

Dès que rien n'allait plus, je faisais comme tout le monde, je m'en remettais au bon Dieu, je L'appelais au secours. Jusqu'au moment où l'angoisse fut trop grande, le chagrin trop fort, la souffrance, trop vive.

Un matin, je me demandai à quoi ça servait de prier. A ma stupeur, je ne trouvai aucune réponse.

Alors, j'arrêtai net. Je n'avais rien contre Dieu, pas de rejet, aucune haine. Mais je n'en pouvais plus de prier pour rien. Peut-être était-Il trop occupé ailleurs pour m'entendre ? Ou trop loin ? Je ne sais pas.

Aujourd'hui, j'ai une autre méthode. Quand les choses se dégradent, je m'adresse directement à Diane.

Je lui dis chérie, tout ce que je pouvais faire pour toi, je l'ai fait. Maintenant, à ton tour, aide-moi un peu, aide-nous avec les enfants...

Après tout, là-haut, comme je la connais, elle est sûrement très bien placée pour intervenir.

Pendant son enfance, elle avait tellement été marquée par le cinéma américain que, en atterrissant à l'aéroport de New York, elle se croyait déjà dans une comédie musicale. Le chauffeur de taxi, c'était Fred Astaire. La serveuse de bar, Ginger Rogers. Le liftier, Gene Kelly. C'était son premier voyage aux Etats-Unis. Tout l'épatait, tout était hors échelle. Même le froid. On était en décembre. Il faisait moins 10°. On habitait au Pierre, sur la Ve Avenue, à l'angle de Central Park South. Diane détestait la marche. Pourtant, ce jour-là, nous avons arpenté la ville pendant six heures consécutives, de la Ve Avenue à Broadway. Diane ouvrait des yeux ronds d'enfant éblouie. Son visage était rougi de froid et de bonheur. Elle avait des gants de peau. Une grande écharpe rouge flottait sur le long manteau noir qui lui battait les chevilles. Au retour, avant de rentrer à l'hôtel, on fit une halte au Russian Tea Room. On grignota des blinis au saumon. Diane, signe de joie exceptionnel, vida cul sec un verre de vodka et me considéra longuement.

— Je suis heureuse, Bouchougne. Merci de m'avoir fait connaître ça.

En sortant dans la 67e Rue, j'eus l'impression que la température avait encore baissé. J'avais marché trop longtemps. Des *yellow cabs* qui roulaient à vide nous passaient sous le nez. Je voulus en arrêter un.

Diane bloqua mon geste...

— Ah non, Bouchougne, pas de taxi.

— Mais Diane, je suis crevé !

— Pas question, tout est trop beau, on rentre à pied !

Elle me planta sur le trottoir et s'éloigna d'un pas décidé. J'éclatai de rire. Je la suivais à trois mètres, admirant sa silhouette souple et juvénile se détachant sur les halos de vapeur qui sortaient des bouches de métro pour se dissoudre dans le bleu intense du ciel.

Quelques années plus tard, nous refaisions le même trajet. Mais cette fois, en ambulance. Diane était tétraplégique et on nous baladait d'un hôpital à l'autre dans l'espoir d'un traitement miracle qui lui rendrait l'usage de son corps détruit.

Chaque corporation a ses codes de langage. Son jargon. Croupiers, boxeurs, cuisiniers, psychologues, infirmiers... Autant de vocabulaires spécifiques et de mots inconnus hors de portée des non-initiés. L'hôpital n'échappait pas à la règle. A Garches, en ultime recours, il m'arriva d'utiliser la *nouille*. La nouille, c'est un long tuyau en plastique, pas très large, qu'on enfonce dans la trachée pour aspirer avec une pompe toutes les saloperies qui peuvent l'obstruer.

En cas de fausse route par exemple.

Il n'y avait pas toujours d'infirmière près de Diane pour intervenir. Appeler au secours ? Trop tard. Elle s'étouffait. Elle pouvait en mourir. Restait la nouille. La première fois, il fallut bien que j'improvise. Et que je ne rate pas mon coup. Car pour ce genre de pépin, il n'y a pas de répétition.

Diane ne progressait plus du tout. A peine y avait-il quelques avancées pour la respiration.

Après des mois de travail, on était arrivés à la sevrer de machine plusieurs fois par jour. Elle respirait alors par ses propres moyens. Quand elle n'en pouvait plus, qu'elle était au bord de l'évanouissement, on rebranchait l'oxygène pendant que je posais la main sur son visage livide et épuisé.

A Garches, on ne peut pas dire que les patients croulaient sous les mamours. On ne ménageait personne. J'avais beau savoir que toute amélioration était à ce prix, il m'arrivait d'être choqué par la brutalité des décisions et des traitements.

— C'est bien. Elle mange de temps en temps. Elle commence à respirer sans machine. Maintenant, on doit franchir une autre étape.

Comme d'habitude, je m'entendis prononcer la phrase de ceux qui ne décident plus rien, *ma phrase*.

— *Qu'est-ce que vous voulez lui faire ?*
— La sortir de son lit et commencer à la mettre *au fauteuil*.

Un fauteuil ? Ils étaient cinglés. Les os de Diane étaient toujours en morceaux. Son corps n'était qu'un magma de fractures dont très peu, depuis Bordeaux, avaient été réduites. J'avais demandé des explications.

Et obtenu la même réponse.

— Les fractures, ce n'est pas l'urgence. Elle est trop fragile pour qu'on multiplie les opérations. On verra plus tard...

Depuis, on n'y avait plus touché. Une fois de plus, je ne fus pas long à décoder : à quoi bon des interventions qui ne servaient à rien puisqu'elle ne pouvait utiliser ni ses bras ni ses jambes ?

— Dès que ses nerfs repousseront, on s'en occupera.

Mais qui y croyait ?

En attendant, elle ne pouvait pas rester allongée en permanence. Les caillots, les escarres...

Tout devenait mortel.

On commença donc à la *mettre au fauteuil.*

Un quart d'heure pour commencer. Puis, une demi-heure, comme pour la respiration sans machine.

Elle souffrait le martyre, se révoltait, suppliait quand elle pouvait parler qu'on la ramène à son lit...

En dehors des séances de torture, je ne l'ai jamais entendue gémir une seule fois sur son sort : elle ne se plaignait jamais.

Quand on m'avait dit que sa moelle épinière n'était pas lésée, j'avais remercié le ciel : Diane gardait sa sensibilité. Elle pouvait percevoir le frôlement d'une main sur son poignet, une caresse sur la peau. Malgré les tuyaux qui s'enchevêtraient autour de son visage — parfois, c'était peut-être un blasphème mais je m'en fous, je ne pouvais m'empêcher de penser à une couronne d'épines —, je gardais mes lèvres posées au coin de sa bouche et je restais sans bouger, longuement. Elle sentait que j'étais là. Elle était rassurée. Le contact physique la reliait au monde.

Mais il y avait un prix à payer, sa sensibilité ne lui épargnait aucune douleur.

Jusqu'au dernier instant de sa vie, elle n'a tenu que par la morphine. Les séances de fauteuil la laissaient ravagée de souffrance et d'épuisement.

Certains jours, je sombrais moi-même. Kinés et médecins n'avaient même plus le cœur à me raconter des salades.

— Faites-vous une raison : il n'y a plus rien à attendre.

Jusqu'au jour où, sans avertissement, sans préparation ni aide aucune, le couperet tomba.

— Il faut que votre femme quitte Garches.

Je crus avoir mal entendu.

— Quand ?
— Dans les quinze jours.
— Où voulez-vous qu'elle aille ?
— Ramenez-la chez vous.

Quand on renvoie un malade, c'est qu'il est guéri.

Ou qu'il va mourir.

— Mais c'est trop tôt ! Elle n'est pas prête !

L'interne faillit dire quelque chose mais se ravisa et tourna les talons.

Pas besoin d'un dessin pour capter le message : *vous n'en voulez pas chez vous.*

A quoi bon discuter, quémander, supplier ?

A peine sorti de l'hôpital, je courus dans tous les sens pour m'organiser et préparer le retour de Diane à la maison. J'étais à la fois heureux et terrifié.

Je l'avais toujours aimée comme une femme.

Maintenant, je l'aimais aussi comme une enfant.

Mon troisième enfant.

9

Une infirmière de jour, une infirmière de nuit, un lit spécial à air pulsé, un brancard, des instruments médicaux... C'était affolant. Je devais penser à mille choses prêtes à fonctionner à tout moment vingt-quatre heures sur vingt-quatre. A Garches, il y avait des équipes spécialisées, un roulement permanent d'infirmiers, d'anesthésistes, de chirurgiens, de neurologues. Mais chez soi, comment s'organiser ? **J'avais besoin d'aide, de conseils, de tuyaux.** A l'hôpital, je quémandai des adresses, des noms, des numéros de téléphone. A ma surprise, je n'obtins rien. Personne ne savait. J'eus soudain la déprimante sensation qu'on me disait : « Prenez votre malade et démerdez-vous. » Je dus me démener, harceler des amis, enquêter, appeler, proposer, recommencer... Avant tout, il me fallait une infirmière spécialiste en réanimation. Mais il me fallait tant de choses dont je n'avais aucune idée quelques jours plus tôt... On ne transforme pas un appartement en hôpital par un coup de baguette magique. La tête m'en tournait.

Puis arriva le fameux jeudi où il fallut vider les lieux. Je fis mes adieux au personnel. On plaça Diane sur une civière et nous nous mîmes en marche.

Pendant que nous traversions les couloirs, comme au jour de notre arrivée, j'apercevais par les portes entrouvertes les accidentés cloués sur leur lit. Nous fûmes soudain à l'air libre. On chargea la civière dans une ambulance. Je me penchai à l'oreille de Diane.

— Diane, c'est formidable, on rentre à la maison !

L'angoisse me serrait la gorge. C'était trop tôt, je le savais. A tout instant, nous étions désormais à la merci du coup dur.

Le samedi, peu après 7 heures du matin, le temps de prendre une douche, je laisse Diane à la garde de ma mère. Rien ne se passe comme prévu.

Normalement, l'infirmière de nuit que j'ai engagée aurait dû rester jusqu'à 8 heures. Mais pour une raison que j'ignore, elle vient de partir. Et l'infirmière de jour qui doit prendre le relais n'est pas encore arrivée. Je sors de la douche et m'apprête à me sécher lorsque je suis alerté par les cris de ma mère.

— Vite, vite ! Diane s'étouffe !

Je m'enroule dans ma serviette et fonce jusqu'à la chambre... Diane est écarlate, les yeux semblent lui sortir de la tête. Je sais que sa vie ne tient qu'à une question de secondes... Malgré mes mains que je maîtrise à peine, j'enfile des gants en plastique, me précipite sur la nouille, la lui enfonce d'une vingtaine de centimètres dans la gorge et branche la machine à aspirer...

Ma mère se tient debout à côté de moi, livide.

Regarder agir un médecin, c'est une chose. Mais agir soi-même sans y avoir été spécialement entraîné, c'est affreux. Je me bats pendant plusieurs minutes.

Diane aussi. Peu à peu, son visage revient à sa couleur normale. Je lui caresse le front. Elle me regarde. Ses yeux me remercient.

Le lendemain, dans la nuit de dimanche à lundi, je suis réveillé par des coups frappés à la porte : 4 heures du matin. Je me jette hors du lit et ouvre.

— Elle est en train de mourir ! Elle respire à peine, son visage se décompose, elle meurt !

Je bouscule l'infirmière et fonce à l'étage au-dessus. Je vois instantanément l'étendue du désastre. La machine ne suffit plus pour que l'air parvienne aux poumons de Diane. Elle s'étouffe, elle râle, sa bouche s'ouvre démesurément. Je lui soutiens la tête.

— Vite, appelez les pompiers !.... SOS Médecins... Le Samu !

Je sens qu'elle est en train de mourir dans mes bras. Je m'affole. L'infirmière qui tremble de tous ses membres se cramponne au téléphone. Le temps s'étire à l'infini... J'ai envie de gueuler... Les pompiers arrivent.

— A Garches, vite !

A grand-peine, ils installent Diane dans une coquille spéciale. C'est une opération très difficile. On ne manie pas comme une malade ordinaire une tétraplégique qui souffre dans chaque fibre de son corps.

Les pompiers s'y sont mis à quatre. Diane est par terre. Je suis à genoux auprès d'elle. On parvient enfin à la soulever. C'est long, très long... Je me retourne et je vois avec horreur mes deux enfants, Alexandre en pyjama, Joy en chemise de nuit. Le bruit et l'agitation les ont réveillés. Les yeux dilatés de panique, ils se tiennent debout devant la porte restée ouverte.

— Allez vous recoucher... Maman a un malaise... Je m'occupe d'elle... Dépêchez-vous !

— Est-ce qu'elle va mourir ?

— Non, non ! Retournez dans votre chambre !

On s'engage dans l'escalier. Nous voici dans le virage. Nouvelle manœuvre. L'escalier est trop étroit, le chariot ne passe pas.

— On va y arriver, lâche un pompier.

Il se force à sourire pour me rassurer. C'est un jeune mec. Pas la tête d'un robot professionnel, mais celle d'un type qui partage. Qui a du cœur. Il essaie de reprendre son souffle. Ses copains aussi. Je les sens totalement investis dans ce qu'ils font. Eux aussi voient bien que Diane va mourir. Et ça les secoue. Diane ne respire plus

Tout pour être heureux

que par saccades irrégulières de plus en plus espacées. Au moment où on arrive enfin au bas de l'escalier, je croise son regard. Elle sait qu'elle meurt. Ses yeux me disent adieu. Dans la rue, on la hisse dans le fourgon. Je m'y engouffre. On démarre.
Le cauchemar continue. Scène déjà vécue.
L'hôpital, la terreur, les urgences. A Garches, quand la porte de la réanimation se referme sur Diane, j'ai des bouffées de rage : pourquoi l'ont-ils laissée partir si vite ? Une fois de plus, hébété, j'attends comme un con, écroulé sur une chaise.

Au matin, j'aperçois les internes qui l'ont pratiquement virée hors de l'hôpital quatre jours plus tôt. Ils n'ont pas l'air très fiers de ce retour en fanfare.
Vers 9 heures, j'apprends de la bouche d'une infirmière que ma femme est toujours vivante.
— On l'a « rattrapée », dit-elle avec gêne.
Pour combien de temps ?
Mais après tout, puisqu'elle est — pour ainsi dire — de retour au bercail, ils décident d'entreprendre un nouveau traitement.
— C'est quoi ?
— La *verticalisation*.
— C'est comme le fauteuil ?
— Heu... si l'on veut...
A voir l'expression embarrassée de l'interne, je comprends qu'il s'agit d'une nouvelle torture.

On ligote Diane sur une planche horizontale. Quand elle est totalement sanglée par des courroies qui la maintiennent, la planche pivote lentement jusqu'à ce qu'elle atteigne un angle de 90 degrés. Diane souffre, gémit, grimace. Mais il n'y a pas d'autre choix. Elle est tétraplégique.

L'immobilité permanente provoque la formation de caillots qui peuvent à chaque instant obstruer les vaisseaux du cœur. C'est l'embolie et la mort. Seule parade, changer de position pour que le sang continue à circuler. Etre allongée jour et nuit accélère les risques.

Au bout d'un certain temps, l'ostéoporose s'installe, ronge les os de l'intérieur. Ils deviennent alors si fragiles qu'ils peuvent casser comme des brindilles.

Les séances ont lieu plusieurs fois par semaine.

A chacune, on augmente les durées.

— Docteur, cette verticalisation, combien de temps encore ?

— Tant qu'elle ne tiendra pas sur ses jambes.

Autant dire jamais.

Il y avait les exorcismes. Les mots qu'on prononce pour conjurer le mauvais sort. Nous avions inventé les nôtres. Diane leur avait donné un nom, *les petites paroles magiques*. Pendant près de six ans depuis l'accident, je les ai prononcées chaque jour, plusieurs fois par jour.

Tout pour être heureux

Elles nous tenaient lieu de code d'amour et d'engagement l'un vis-à-vis de l'autre. Peut-on survivre sans les mots lorsqu'on est plongé dans la nuit, la dépendance totale et l'attente ? L'attente d'un miracle.
   L'espoir idiot de se retrouver debout, dehors, au soleil. Comme avant. Les petites paroles magiques nous permettaient de renouveler le pacte.
   Un pacte non écrit. Un pacte d'amour.
   Il s'exprime parfois par un seul regard. Mais il dit à l'autre qu'il n'est pas seul, qu'on ne l'abandonnera pas.
   « Que Dieu te garde et te protège, mon amour de femme », ou bien, « Je t'aime, je t'aime, tu me manques ».
   Moi qui pouvais parler, je les disais à l'oreille de Diane. Et elle, qui ne pouvait pas toujours répondre, me les renvoyait avec les claquements de langue. Elle en avait précisé le sens. Deux claquements signifiaient : « Je t'aime, je t'aime, tu me manques mon mari chéri. »
   Lorsqu'il m'arrivait de me déplacer, je n'ai jamais laissé passer un soir sans l'appeler pour lui dire les *petites paroles magiques*. C'était devenu un rite qui nous liait tous deux contre le découragement, l'incertitude et la mort. Même quand elle pouvait parler, lorsqu'elle était très abattue ou que la souffrance était trop vive, elle me demandait de les lui dire. Je les lui murmurais. Elle était apaisée. Je les ai dites jusqu'à son

dernier souffle. Trois semaines après sa disparition, je me les répétais encore avant de m'endormir.

Mais Diane n'était plus là pour les entendre.

Je compris que l'incantation devenait trop morbide. Alors, pour ne pas y laisser ma peau, j'ai arrêté.

10

Près de deux ans s'étaient écoulés depuis le drame.
Les mots du neurologue me harcelaient.
— Si ses nerfs n'ont pas repoussé au bout de dix-huit mois, c'est foutu.
Si l'on constate une repousse de quelques millimètres, c'est qu'un processus de régénération est en marche. Le délai était dépassé. Avaient-ils repoussé ?
Non. Pourtant, je ne renonçais pas à y croire. Peut-être sa petite main pourrait-elle frémir de nouveau ?
Je ne demandais pas grand-chose. Un tout petit mouvement imperceptible, un déplacement de rien du tout. Mais rien de tel n'arriva.
Jusqu'à ce que se présente chez moi un lauréat de l'Académie de médecine. Il avait été couronné pour ses recherches sur les atrophies musculaires. Il les traitait par stimulations électriques. Il examina Diane longuement.
— On va essayer, dit-il.
Un matin, un muscle de la cuisse droite se mit

à tressaillir. Pendant deux jours, je crus que j'allais m'envoler de bonheur : si ce muscle-là était en train de revenir, pourquoi pas les autres ?

Au troisième jour, je sus qu'il s'agissait d'un feu de paille. Une nouvelle illusion. Une douleur de plus.

C'est alors que je commençai à entrer dans ce très long processus qu'on appelle l'« acceptation ».

Et à comprendre ce qu'est une maladie sans espoir, dès lors que la médecine n'a aucune chance d'en venir à bout.

Diane avait beaucoup d'amis. De tous bords, de toutes conditions. Anonymes ou connus, elle ne les ramenait jamais à une norme. Elle se moquait des positions sociales. Elle n'aimait que le talent ou le cœur, et cette facette singulière qui faisait de chacun ce qu'il était. Quelques-uns faisaient déjà partie de son clan avant que je ne la rencontre. D'autres étaient mes propres amis qui l'avaient adoptée.

On m'avait prévenu, l'infirmité fait peur.

— Ce sera difficile d'assumer. Beaucoup n'y résistent pas. Ils craquent.

Il faut croire que j'eus de la chance. La première fois que je poussai son fauteuil dans la rue, je ne ressentis ni honte ni gêne. Mais plutôt l'évidence d'un miracle. Une libération. Il y avait si longtemps que je ne l'avais pas vue à l'air libre. Je trouvais ça génial. En même temps, j'avais la gorge serrée. C'était sa première sortie. Elle s'était pomponnée. Je me souvenais du passé. Je ne pouvais m'empêcher de comparer. Pas pour moi, pour elle. Ce qu'elle avait été, ce qu'elle était devenue. Et c'était douloureux. J'éprouvais des sentiments confus, amour, compassion, mais surtout, une envie féroce de la protéger...

Curieusement, c'est à ce moment-là que beaucoup de proches disparurent de notre horizon.

Je les voyais *avant*, je ne les vis plus *après*.

J'ai appris depuis que le malheur faisait le vide.

Ne restèrent donc auprès de Diane que quelques amis fidèles. Et sa garde rapprochée. Gilles, le kiné qui la soulageait. Et le trio d'indéfectibles que j'avais baptisé *les trois Marie* : *Marie*-Françoise, l'ange gardien. *Marie*, l'infirmière en chef à domicile. Et le docteur Olivier *Marie*, son réanimateur.

Ils ne sauront jamais ce que je leur dois.

Flambeur et généreux, Philippe ne laissait jamais passer une semaine loin de Diane. Il faisait partie des très rares intimes à avoir connu quatre générations de la famille, l'oncle François-André, Lucien le neveu, Diane sa fille, et Alexandre et Joy, nos propres enfants.

Diane ne se lassait pas des histoires vécues qu'il lui racontait sur son père — son idole

absolue. Elle voulait en savoir toujours plus. Parfois, alors même qu'on regardait une de ses émissions à la télé, Philippe, sans crier gare, poussait la porte.
— On peut avoir un café chaud dans cette maison ?
Quand il repartait, Diane était heureuse.

Elle avait une amie très chère, Bibi, une rigolote aux cheveux courts châtain clair qui ne l'a jamais lâchée. Bibi adorait les histoires drôles, surtout quand elles étaient vraies — elle savait tout sur tout le monde. Elle avait souvent des problèmes amoureux et avait nommé Diane son « conseiller en passion ».
Mais heureuse ou plaquée, Bibi riait toujours.
Elle irradiait la maison de sa joie de vivre.
Son seul défaut, fumer comme un pompier.
Cent fois, elle avait essayé d'arrêter. En vain. Un mois avant sa disparition, Diane le lui fit promettre : peine perdue. Mais du jour où Diane mourut, Bibi n'alluma plus jamais une cigarette.

Quant à Jean, nous nous étions connus lui et moi à l'âge où on rêve sa vie. Avant même de courir en rallye, il se voyait déjà champion du monde. Devenu le gourou de la Formule 1, il quittait Maranello régulièrement pour venir se recueillir à Bezons sur la tombe de son père. Puis il débarquait chez nous. Il avait le don de redonner autant de force à ses amis qu'à ses

champions. Pourtant, un jour, je l'ai vu se décomposer. Il est entré dans la chambre de Diane. L'infirmière avait oublié d'enlever un récipient rempli d'eau dans lequel était immergée la prothèse de Diane : ses doigts.
Jean a cherché mon regard. Je n'oublierai jamais le sien. Désespéré.

Nicolas était né pour la politique.
Pendant que mon propre univers foutait le camp, il affrontait lui-même une traversée du désert. Il s'en tirait par un excès de travail et le soutien absolu de Cecilia, sa femme. Pour m'aider à tenir le coup, il m'avait cité un aphorisme de Nietzsche tiré de *Zarathoustra* : « Tout ce qui ne me tue pas me renforce. »
J'aurais bien voulu y croire.
Quand je me sentais à deux doigts de craquer, il m'arrivait d'aller le voir dans sa mairie. Il trouvait toujours le temps de me recevoir. Ou alors, il passait en coup de vent à l'hôpital pour venir aux nouvelles. Quand c'était impossible, il appelait. Il avait une phrase rituelle : « Comment va-t-elle aujourd'hui ? »
A laquelle il en rajoutait une autre : « Et toi, comment vas-tu ? »
Ça n'a l'air de rien.
Mais la première fois que je l'entendis, j'en restai sidéré. C'est un phénomène connu, tous ceux qui accompagnent un malade passent par des moments de détresse inhumaine. La pré-

sence des amis, leur chaleur, si vive soit-elle, ne dure que le temps d'une visite.

Puis la porte se referme. Et on est seul. Seul avec l'autre, l'autre qui a mal, qu'on voit décliner sous ses yeux, ou qui gémit, et pour qui on ne peut rien faire qu'être là, lui tenir la main, le veiller, lui parler, même si l'on sait qu'il n'entend pas ce que vous dites.

Tout étrange que cela paraisse, avant Nicolas, personne ne m'avait encore demandé si *j'allais bien*.

J'allais très mal, bien sûr. Mais en fait, je n'y pensais pas. Depuis l'accident, mon identité s'était diluée dans la tragédie de Diane. Je ne vivais qu'à travers sa fièvre, ses comas, ses va-et-vient entre la vie et la mort.

Je les vivais dans ma tête, je les vivais dans mon cœur, dans mon corps, dans ma peau.

On était deux. Et j'étais elle.

Mais pour en baver à ses côtés, j'étais seul.

Parfois, pour ne pas sombrer, je me forçais, le temps d'une soirée, à changer d'ambiance. J'allais dîner avec des copains. Ce soir-là, quand j'arrivai chez Jacques, il était en peignoir en train de bouquiner. Il ouvrit des yeux ronds, me dit que je m'étais trompé de jour. L'incident aurait dû me faire sourire. Mais j'étais dans une solitude morale affreuse.

Je voulus repartir. Jacques me retint de force et tenta de me réconforter. Je me mis à pleurer.

Tout pour être heureux

J'avais une amie, Nini, qui m'était précieuse. De temps en temps, elle choisissait un film et m'emmenait au cinéma. Ou alors, elle organisait un dîner avec des gens que je n'avais jamais vus. Tout lui était bon pour me dépayser. Parfois, je l'appelais.

— Nini, si tu es libre, on pourrait se faire un bistrot...

A peine installés, je plaçais mon portable sur la table, entre elle et moi. Avant tout, elle commandait pour moi un avocat-pamplemousse, le seul truc que je pouvais avaler.

— Alors ? disait-elle.

Je ne me le faisais pas répéter deux fois : c'était parti, je parlais, je parlais, je ne pouvais plus m'arrêter.

Nini était fantastique. Elle comprenait tout et semblait pouvoir m'écouter jusqu'à la fin des temps.

C'est exactement ce dont j'avais besoin . *débloquer.*

Je me rendais bien compte que je ne lui laissais jamais l'occasion de placer un mot. Mais il fallait que je parle. Paradoxalement, me vider ainsi était la seule façon de me recharger en énergie.

Quand je la quittais, j'allais moins mal.

La maison était transformée en hôpital de campagne. Branle-bas de combat permanent dans un déploiement de veilles et de gardes. Tous les jours, un kiné et un porteur — lorsque Diane était *au fauteuil*, il fallait au moins deux personnes pour la manipuler. Infirmières de jour, de nuit, de week-end, et toute une équipe médicale, toubibs compris, pour éviter le pire. D'une minute à l'autre, rien ne pouvait le laisser prévoir. Nous étions en état d'alerte constant. Mais Diane voyait ses enfants. Ses amis passaient. Les heures lui paraissaient plus courtes. Un soir, elle exigea de moi un serment solennel.

— *Quoi qu'il arrive*, jure-moi de ne plus jamais me ramener à Garches.

Je jurai.

Garches, c'est une espèce de grande surface du malheur. Il y a tellement d'urgences et d'accidentés que le nouvel arrivant s'y sent dépossédé du peu de souffle qui lui reste. On est juste une souffrance parmi les autres. Un numéro. Trop de choses vous y démolissent. Excès de professionnalisme ? Peut-être. En tout cas, certains en tirent beaucoup d'espoir.

La porte de chaque chambre est ouverte.

Souvent, la détresse du voisin s'ajoute à votre propre infortune. Dans celle d'à côté, il y a une pauvre femme qui s'est tiré une balle dans la bouche. Elle s'est ratée. Mais elle vit encore. Défigurée. Paralysée.

Incapable d'assumer sa métamorphose, son mari l'a abandonnée. Depuis, elle est seule.

Tout pour être heureux

Personne ne vient la voir. Elle hurle jour et nuit. Des hurlements de bête blessée qui vous glacent le sang.

A son visage convulsé, je voyais bien que Diane ne pouvait plus les supporter. Mais comment aurait-elle pu ne pas les entendre ? Elle n'avait même pas la ressource de se boucher les oreilles.

11

Je ressentis l'urgence d'une aide morale. Le psy. Celui qui m'avait aidé à Bordeaux me donna une adresse à Paris. Je sonnai. Une femme me reçut et me pria de m'asseoir. Je m'installai en face d'elle. Mais soudain, je fus incapable d'ouvrir la bouche. Je ne savais par où commencer. Ni même plus quoi lui dire. Les mots ne venaient pas. Je voulais lui parler de mon épuisement, lui demander quoi faire. J'étais vidé. Mon corps foutait le camp dans toutes les directions, comme les membres de ces condamnés au Moyen Age qu'on écartelait en place publique. Pour tout étudiant en psychosomatique, mes symptômes auraient présenté un superbe cas d'école — diaphragme en berne, ulcère à l'estomac, plexus noué, dos bloqué, une tension qui grimpait parfois à 23, et tout le reste, qui se délabrait jour après jour.

Je me dopais aux médicaments.

En même temps, à cause de Diane, j'aurais eu honte d'en parler : comparés aux siens, mes petits malheurs provoquaient en moi une culpabilité diffuse.

Pourtant, quelque chose de dangereux se faisait jour et aurait dû me mettre en garde : à deux ou trois reprises, l'idée fugace de me flinguer m'avait traversé l'esprit.

— Je vous écoute, dit la psy, racontez-moi...

Petit à petit, je parvins à me détendre et à lui confier en vrac des fragments de notre histoire.

Les jours heureux, la panique, le blocage.

Au bout d'un quart d'heure, il fallut bien que j'aborde ce qui m'amenait.

— Je ne dors plus, je ne mange plus, j'en meurs.

— Il y a de quoi, soupira-t-elle.

— Je sais que je n'ai pas le droit de me plaindre. J'ai mes jambes.

Elle leva un sourcil.

— Ah bon... C'est un péché ?

Je ne sus que répondre.

— Ce n'est pas parce que vous marchez que vous devez vous sentir coupable.

— Je ne peux pas m'en empêcher. Ce qui lui tombe sur la tête... J'ai presque honte. Vous ne l'avez pas vue, vous ne pouvez pas savoir. Sa douleur... C'est inhumain.

— Votre souffrance aussi. Elle est peut-être d'une autre nature. Mais elle est là. Elle existe. Elle vous détruit. Il faut la prendre en compte.

— Je ne me sens pas le droit d'être malade.

— La différence entre votre femme et vous,

c'est que vous, vous avez le choix. Et qu'elle ne l'a pas.

Je ne compris pas très bien ce qu'elle voulait me dire. Elle me posa d'autres questions. Je lui racontai ce qu'était ma vie, mon désir de rester auprès de Diane, de ne pas la quitter, mes remords et ma peur quand j'étais obligé de m'éloigner, mes vingt appels quotidiens pour la rassurer si j'étais loin d'elle, l'angoisse atroce du téléphone qui ne pouvait sonner que pour m'annoncer un malheur... Je lui dis que si je plongeais moi-même, ce serait lui enlever toute chance de survie.

Mon interlocutrice se leva soudain. J'en conclus que l'entretien était terminé. Je me retrouvai dans la rue avec la même phrase qui tournait furieusement dans ma tête, tu n'es pas coupable, tu n'es pas coupable, tu n'es pas coupable.

Malgré l'équipe qui veillait sur Diane et les aménagements que j'avais fait exécuter chez moi, la maison ne pouvait pas rivaliser avec les services médicaux d'un grand hôpital. La nuit, surtout, je pelais d'angoisse. J'avais demandé qu'on m'appelle au moindre incident. Je savais où joindre Marta. Et ma mère était là, dans une chambre à côté. Sans elle, sans sa présence permanente et son dévouement pour les enfants, j'aurais été perdu.

Je m'éveillais chaque jour à l'aube pour un premier bilan. Température, plus ou moins de

37 ? Taux d'oxygène ? Et les escarres, les brûlures, la digestion ? Y a-t-il eu des imprévus ?

Minute après minute, telle a été ma vie pendant six ans. Six années sur le qui-vive. Si je n'avais pas été sportif, je me serais mis à boire. Si je n'avais pas été aussi sain, je me serais camé. Si, par un don du ciel, je n'avais pas eu autant les pieds sur terre, je me serais laissé aller. Loque. Ou dingue.

Mais le réel ne me laissait aucun répit. Toute la maison me roulait sur le dos.

Je voyais ma thérapeute une fois par semaine.

— Comment vous sentez-vous aujourd'hui ?

— Pire. Hier soir un type m'a balancé : De quoi te plains-tu ? T'as tout, toi, tu vis dans le luxe.

— Ça vous touche ?

— Ça me tue.

— Pourquoi ?

— Parce que c'est dégueulasse ! C'est injuste !

Il suffisait d'un mot pour me démolir. *T'as tout, toi, tu vis dans le luxe.* C'est vrai que j'avais tout. Tout pour être heureux. J'en crevais à chaque instant. Maladresse ou inconscience, les énormités que je devais avaler me faisaient un mal atroce.

— Si votre femme tient aussi longtemps, c'est uniquement parce qu'elle est riche.

Aurait-il fallu m'excuser de ne pas l'avoir laissée mourir ? Et pourtant, c'était vrai. Eût-elle été pauvre et anonyme, Diane n'aurait pas

Tout pour être heureux

survécu plus de quelques mois. Après l'avoir poussée hors de Garches, on l'aurait expédiée dans un mouroir de province. Aucun hôpital n'aurait voulu d'elle. Pas davantage on n'aurait pu la garder dans aucune famille : qui aurait pu entretenir à domicile l'équipe médicale de cinq personnes qui l'assistait jour et nuit ? Souvent, je me suis posé la question : au cours de ces six années de cauchemar, a-t-elle été heureuse ? Avait-on eu raison de prolonger ses souffrances aussi longtemps ? Aurait-elle préféré être délivrée plus tôt ? Elle seule aurait pu le dire. Moi, je n'ai toujours pas de réponse.

— Elle a été contente de durer, m'a dit plus tard Gérard Depardieu, mais je crois qu'elle a été heureuse de partir quand elle en a eu assez.
Il me rendit visite après sa mort.
— Dominique, quand j'étais venu la voir avec toi, j'ai compris qu'elle avait fait son chemin. Elle avait envie de poser ses valises. J'ai senti la même chose quand j'ai vu Barbara pour la dernière fois. A son regard, j'ai su qu'elle avait chanté sa dernière chanson.

Un jour, la nouvelle maison que j'avais fait aménager fut prête. Tout y avait été conçu à l'usage de Diane et en fonction de son handicap. Pour éviter les escaliers en colimaçon, j'avais fait construire un ascenseur spécial dans lequel on pouvait manipuler un grand brancard

Tout pour être heureux

pour tétraplégique. Je gardais en mémoire les impossibles manœuvres des pompiers lors des évacuations vers l'hôpital en cas d'urgence.

Mais l'architecte avait trop bien fait les choses.

Lorsque Diane prit possession des lieux, elle voulut qu'on la conduise d'abord dans la salle de bains.

Je la revois sur le seuil, figée dans son fauteuil roulant. A ses sourcils froncés, je pressens qu'elle est perplexe.

— Où sont les toilettes ? dit-elle.

L'architecte savait que Diane, assistée artificiellement pour toutes les fonctions organiques, n'en avait plus aucun besoin. Il avait donc élaboré un volume de céramique ouvert pour qu'on puisse y manœuvrer le fauteuil. En dehors du tuyau de douche et du trou d'évacuation de l'eau, il n'y avait rien qui puisse évoquer une salle de bains classique.

— Où sont les toilettes ? répète Diane.

Comment lui dire qu'elle n'en aura plus besoin ?

— L'architecte a dû les oublier.

On oublie tellement de choses dans ces cas-là.

J'ai également *oublié* de lui faire un autre aveu : malgré tous les traitements pratiqués, les médecins m'ont dit que ses nerfs étaient hors d'usage. Morts.

Définitivement. Et qu'il n'y avait plus la moindre chance qu'elle puisse remarcher un

Tout pour être heureux

jour. Je ne lui ai pas dit non plus que j'ai perdu moi-même tout espoir et tout courage. Une semaine plus tôt, on m'a fait comprendre qu'on ne reboucherait plus jamais sa trachéotomie, parce que ça avait trop duré. Avec Diane, je suis toujours en première ligne avec une longueur d'avance sur l'annonce des malheurs qui la frappent. Je sais maintenant qu'il n'y a plus rien à attendre de la médecine. On a tout fait. Je ne peux désormais que redouter la mort, attendre l'instant où cela va se passer, dans un jour, dans un mois, dans un an. A Garches, toujours avec la même délicatesse, on m'a révélé que les tétraplégiques ne survivaient jamais très longtemps.

— Les cinq premières années, il y a une casse terrible.

« Casse » : c'est exactement le mot qu'on a employé.

Comme pour une voiture lorsqu'elle est devenue ferraille.

Ce qui est encore plus angoissant, c'est que, contrairement aux autres tétraplégiques, la moelle épinière de Diane n'a pas été sectionnée. Elle est au contact direct d'une souffrance physique que des doses énormes de morphine n'arrivent même plus à calmer. Plus rien de son corps n'est intact. Tout ce qu'on n'a pu soigner est source de douleur permanente, ses organes internes bousillés, son corps brûlé par plaques entières au troisième degré, ses membres cassés dont on n'a jamais réduit la fracture.

J'avais cru jusqu'alors que, lorsqu'on souffrait autant, on ne pouvait que mourir. Mais non. Diane vivait. Elle tenait l'intenable. J'avais beau ne plus croire en rien, elle allait réussir encore à me sidérer.

Un soir, j'étais assis sur son lit. Pour la bercer avec des mots avant qu'elle s'endorme, je me suis mis à délirer à voix basse.

— Bientôt, si tu le veux, on pourra faire un dîner chez nous, une espèce de crémaillère pour fêter ton retour à la maison. J'inviterai tes amis.

— Quand ? me dit-elle.

Je la regarde en doutant de ce que je viens d'entendre. Ses yeux, soudain, sont grands ouverts. Elle soutient mon regard.

— Bientôt. Je te le promets. Bientôt.

— Pourquoi ne pas le faire tout de suite ?

Je dois faire un effort pour empêcher ma voix de trembler.

— D'accord, Diane, je vais l'organiser.

12

J'avais déjà une solide expérience de la bêtise, des maladresses ou de la malveillance. A Garches, au début, il m'arrivait même de me détourner par crainte d'entendre la phrase qui tue. A la vue de Diane, nos amis étaient si secoués qu'il y avait une espèce de flottement : quelle attitude prendre ? Il faut croire que tout excès — de maladie, de douleur, d'infirmité — provoque, par effet contraire, un excès inverse, le *trop* ou le *rien*.

— Diane, tu es comme avant. Qu'est-ce que tu es belle !

Phrase de femmes. Les hommes, eux, pétrifiés, étaient incapables de dire un mot. A la façon d'un bouclier, ils plaquaient un sourire figé sur leur visage et s'éloignaient pour pleurer quand ils n'en pouvaient plus.

Ou tournaient de l'œil, comme cet ami que j'avais dû ranimer.

Lors de ce premier dîner à la maison, l'appréhension me serrait la gorge. Mais il fallait moi aussi que je fasse semblant : c'était un dîner ordinaire, tout était *normal*. Diane allait-elle tenir le coup ? Et moi, aurais-je mieux fait de la confiner dans son isolement plutôt que lui laisser affronter les regards qu'elle avait subjugués *avant* son accident ?

Diane s'était préparée à l'événement. Il s'agissait d'apparaître, de montrer qu'elle était toujours en vie.

On l'avait pomponnée avec tendresse. J'entrai dans sa chambre. Installée dans son fauteuil, coiffée, maquillée, élégante, elle ressemblait à une statue d'albâtre. Elle chercha mes yeux. Je savais ce que sa demande cachait d'angoisse. Et ma fausse assurance, de terreur.

— Tu es parfaite, lui dis-je.

Quitte ou double. Tout ou rien. Si ce premier pas ratait, il n'y en aurait peut-être plus jamais d'autre.

On roula son fauteuil jusqu'à la table.

Prête à intervenir, une infirmière se tenait discrètement derrière elle. Les invités s'installèrent.

Diane ne pouvait pas manger. La moindre bouchée aurait provoqué un étouffement. Pour rompre la glace, quelqu'un dit quelque chose de drôle. Tout le monde fit chorus. Diane trouva la force de sourire. Alors, sa voix s'éleva, cassée, étouffée, à peine audible.

— Je suis heureuse de vous voir... Merci d'être là.

Tout pour être heureux

Instantanément, l'ambiance se détendit, on l'applaudit, les conversations fusèrent et je pensai que ma femme venait de remporter sa première victoire contre les ombres de la mort.

Une phrase lui revenait souvent : « Il y en a de beaucoup plus malheureux que moi. J'ai mon mari, mes enfants, ma mère, des collaborateurs géniaux et un groupe qui me passionne. Que voulez-vous que je demande de plus ? »

Après ses études à Dauphine, elle avait demandé à son père d'entrer dans le groupe. Refus catégorique.

— Le monde des casinos n'est pas fait pour une femme. C'est non.

Elle était revenue à la charge. Mais Lucien était aussi obstiné qu'elle. Jusqu'au jour où il lui proposa un poste de relations publiques.

— Pourquoi ai-je fait trois ans de gestion et d'économie à la fac ? Pour des prunes ? Pas question.

— C'est à prendre ou à laisser.

— Je laisse.

Pendant ce temps, Lucien me consultait souvent.

Je le regardais vivre. J'écoutais. J'apprenais.

J'avais une formation de juriste. Il voulait mon avis sur certaines questions notariales.

— Chapeau ! disait Diane.

Elle était très fière qu'il me fasse confiance. En attendant, notre fils l'accaparait. Ce qui, pour une femme, est une occupation à plein temps.

L'accident de Diane avait fait beaucoup de bruit. Là où je n'éprouvais que de l'angoisse, une certaine presse délirait en plein romantisme morbide : La riche héritière foudroyée... L'empire à la dérive... Trop belle, trop jeune, trop riche... Le destin frappe en plein bonheur... On me collait les titres sous le nez. J'avais l'impression qu'on parlait de quelqu'un d'autre. Pour moi, l'histoire était différente.

Elle était pleine d'horreur. Deux vies brisées, la femme que j'aimais brûlée vive, mutilée, l'errance d'un hôpital à l'autre. Et cette sensation d'être paumé, comme le sont tous ceux que les coups durs écrasent.

Je recevais chaque matin un courrier très spécial.

On voulait *m'aider*. On prétendait pouvoir sauver Diane. Certains se disaient gourous, marabouts, magnétiseurs. D'autres, simples escrocs qui n'en voulaient qu'à l'argent, m'affirmaient que, grâce à leur *pouvoir*, ils pouvaient guérir Diane. Il y avait aussi les illuminés qui croyaient dur comme fer avoir reçu de Dieu le don de faire des miracles.

« Je *travaille* sur une photo de votre femme que j'ai découpée dans un magazine. » Ou alors : « Je sais exactement ce qu'il faut faire pour remettre en marche son système nerveux. » Il

Tout pour être heureux

m'arrivait de répondre. J'eus même affaire à un guérisseur qui m'appela directement sur mon portable — comment avait-il eu mon numéro ?
Il habitait en province et se manifestait tous les deux jours.
— Mes ondes font leur effet. Son état s'améliore.
J'étais comme une épave. Ceux qui désespèrent savent de quoi je parle : j'étais prêt à croire n'importe quoi. M'aurait-on dit d'aller à Lourdes à genoux pour que Diane remarche, j'y serais allé à genoux. Pourtant, je cessai très vite de répondre à tous ces négociants de la détresse humaine. Même à mon guérisseur : plus son diagnostic était favorable, plus l'état de Diane se dégradait.

Les médecins m'avaient répété que lorsque ses plaies seraient refermées une immersion totale pourrait peut-être l'aider à retrouver l'usage de certains muscles.
Outre l'ascenseur pour le brancard, j'avais donc fait aménager dans la nouvelle maison une pièce d'eau qu'on aurait pu, selon l'humeur, appeler un petit bassin, une grande baignoire ou une minipiscine.
Après notre premier retour de Garches, Diane, très affaiblie, aurait été bien incapable de l'inaugurer.
Puis les jours ont passé, les semaines et les mois.

Tout pour être heureux

Il y avait toujours quelque chose qui clochait. Ses blessures ne se refermaient jamais totalement. Quand on les croyait presque cicatrisées, elles recommençaient à s'infecter et à suppurer. Ou alors, un accès violent de fièvre la maintenait pendant des jours inerte et comateuse. Ou bien, une nouvelle opération la ramenait en ambulance aux urgences de l'hôpital.

J'avais souvent imaginé la scène.

Libérée enfin de ce corps brisé et mort qui lui valait pourtant tant de souffrances, Diane était plongée dans un bain tiède la délivrant soudain de toute pesanteur.

Jusqu'au jour où je compris qu'une fois de plus il ne s'agissait que d'un mirage. Et que je ne devais plus prendre mes désirs pour des réalités.

Diane avait faim de vivre.

Après son premier dîner à domicile, elle accepta d'être invitée à l'extérieur. Toutes les petites choses qui la ramenaient aux plaisirs ordinaires de son existence d'antan faisaient partie de son combat pour reprendre pied, se réintégrer, ne pas perdre contact avec les autres. Mais rien n'était facile. Il fallait avant tout vérifier si son fauteuil entrerait dans les ascenseurs, ou passerait les portes. Le fameux fauteuil... Dès qu'elle était dehors, il devenait partie intégrante d'elle-même, comme ses yeux, ses reins ou son cœur. Et lui aussi l'avait lâchée à deux reprises. Une première fois, dans l'escalier de la maison. Sans ses infirmiers, Diane aurait glissé en arrière. On l'avait retenue par miracle. Une pièce avait cassé. Même rupture dans la rue une autre fois. Tout était danger. La tension était permanente.

Quand on la ramenait à la maison, Diane était heureuse. Mais chaque sortie constituait une véritable expédition. Il lui arrivait de dépasser la limite de ses forces. On la montait dans sa chambre. Je la rejoignais pendant qu'on lui faisait sa toilette et qu'on la préparait pour la nuit. Je lui parlais. Elle me disait qu'elle était contente. La soirée l'avait remise dans la vie.

Pourtant, elle s'est vite lassée des dîners à l'extérieur. Il y avait trop de monde. Elle flairait le côté artificiel de l'invitation, la bonne intention, l'effort consenti par ceux qui feignaient de la trouver normale.

Elle prenait peu à peu conscience de la gêne que son apparition provoquait parfois.

— Je suis ravie de l'avoir fait, Bouchougne. Mais finalement, je préfère voir mes amis chez moi. Ça me fatigue d'aller chez les autres.

Il faut croire que les passions nous restent chevillées au cœur jusqu'au dernier souffle.

Diane était jalouse. Il se trouve que je n'étais peut-être pas parfait moi-même. Je veux dire par rapport aux critères d'une femme jalouse : je n'avais pas les yeux dans ma poche. Quand je croisais une beauté, je ne pouvais m'empêcher de la regarder. Comme j'aurais admiré un Renoir, une Ferrari ou un bouquet de roses.

Il ne s'agissait pour moi que d'un regard. Et rien d'autre. Mais Diane, lorsqu'elle le surprenait — comment ne l'aurait-elle pas surpris puisque je ne m'en cachais pas —, en faisait toute une histoire.

— Pourquoi l'as-tu regardée ?

Même si elle n'était pas prononcée, la suite allait de soi : qu'est-ce qu'elle a de plus que moi ?

Rien, évidemment. Après l'accident, il m'arriva une chose bizarre : le monde extérieur devint flou. L'angoisse me dévorait. J'étais différent. J'aurais été en droit de supposer qu'il en était de même pour Diane.

Pas du tout.

Un soir, lors de la célébration du centenaire du Fouquet's, j'étais installé à la table qu'elle présidait. Je ne prêtais pas plus attention aux propos échangés qu'aux gens installés autour de moi. Comme d'habitude, je croisais les doigts pour que la soirée se déroule sans pépin. A plusieurs reprises, je sentis les yeux de Diane posés sur moi. On rentra à la maison. Diane respirait mal. Elle était vidée.

— Elle ne t'a pas quitté de l'œil, me dit-elle.

Plus on est innocent, moins on peut se défendre.

— Qui ?

Tout pour être heureux

— Claudia Cardinale.
Je tombai des nues. Mais toute réponse n'aurait fait qu'aggraver mon cas. Alors, curieusement, je sentis monter en moi quelque chose de tendre et de désespéré. Je posai mes lèvres contre son oreille.
— Je t'aime, mon amour... Je t'aime...

13

Comment pourrait-on se regarder dans un miroir lorsqu'on est paralysé ?

A supposer qu'elle en ait eu envie, Diane n'aurait jamais pu le faire sans aide extérieure. Je ne sais plus qui le lui avait proposé après ses premières opérations.

Elle avait refusé une fois pour toutes.

— Je ne veux plus jamais me regarder.

Ainsi était-elle la seule à ne pas savoir à quoi ressemblait son nouveau visage. Lorsqu'on poussait son fauteuil dans la rue, elle fermait les yeux dès qu'elle risquait de rencontrer son reflet. Tout était danger, le pare-brise d'une voiture, une vitrine, une flaque d'eau, autant de révélateurs qui auraient pu lui renvoyer cette image redoutée qu'elle refusait de connaître.

A sa demande, les miroirs avaient disparu de la maison. Pendant des années, elle ne fit jamais mention de son aspect physique. Elle soignait pourtant son apparence. Pas pour son regard, pour celui des autres.

Même pour un dîner entre nous avec Alexandre

et Joy, elle se faisait préparer avec raffinement. Un petit foulard autour du cou, un bijou parfois, coiffée, maquillée, elle arrivait à être magnifique. On descendait son fauteuil jusqu'à la table.

Parfois, tout se passait bien. Dès que les enfants avaient fini leur dessert, on la remontait dans sa chambre afin de défaire ce qui n'avait été fait que pour le seul bonheur d'une heure ensemble.

Mais vint le jour où *elle se vit*.

C'était à Deauville. Un moment d'inattention de ses infirmiers suffit pour provoquer le désastre.

Au moment où l'on manipulait son fauteuil dans un ascenseur, elle ne put éviter un instant de face-à-face avec la paroi de verre dépoli. J'étais à ses côtés. En un éclair, je mesurai l'étendue des dégâts : *elle s'était vue*.

Telle qu'elle était désormais.

Telle que les autres la voyaient.

Telle qu'elle espérait ne pas être.

Je restai silencieux, la main posée sur son épaule.

Elle leva les yeux sur moi. Et cette fois, c'est moi qui faillis baisser les miens.

— Franchement, Bouchougne, soupira-t-elle, c'est vraiment pas terrible.

Après notre retour à la maison, je ne sais plus combien de fois elle a failli mourir. On partait en panique à l'hôpital, le jour, la nuit, n'importe quand.

Brusquement, sans raison apparente, elle

décomposait, c'est-à-dire que son taux d'oxygène dans le sang dégringolait en chute libre. Les alertes étaient violentes, j'étais sûr qu'elle n'y survivrait pas. La première fois, elle est restée trois semaines en réanimation à l'Hôpital américain.

Elle me l'avait répété souvent, plus jamais à Garches, je veux mourir à l'Hôpital américain ou chez moi. Quand elle rentrait à la maison, Diane n'évoquait jamais son séjour chez les ombres. La vie recommençait.

En sursis. Précaire. Avec des soins constants. Mais c'était quand même de la vie, encore une bouffée de vie à prendre. Quand elle arrivait à dormir la nuit, Diane se réveillait le matin vers 9 heures. La toilette commençait. Vers 13 heures, le temps d'un déjeuner, elle était prête pour une rencontre. Puis, une brève séance de rééducation. Une verticalisation.

On l'habillait alors pour le dîner. Si elle allait trop mal, elle gardait la chambre où je la rejoignais avec les enfants. Comment pouvait-elle tenir ? On lui faisait six piqûres de morphine par jour. Elle s'étouffait à tout moment. Il fallait aspirer. Et pourtant, pourtant, il y avait des moments de bonheur intense.

J'arrive dans le restaurant d'un grand hôtel pour un déjeuner d'affaires. Je tombe sur Odette, une amie de Marta. Elle est seule à une table dressée pour deux couverts.

Tout pour être heureux

— Vous attendez quelqu'un ?
— Oui. Diane. Je déjeune avec elle.
Je regarde ma montre, 13 h 15. Je fonce acheter une superbe rose. Je la place avec un petit mot dans l'assiette de Diane.
— Ne dites surtout pas que c'est moi.
Odette m'adresse un clin d'œil amical.
Diane arrive en retard. Il est près de 2 heures. Elle ne sait pas que je suis là. Elle découvre la rose. J'ai beau être loin, je vois ses yeux briller de plaisir et d'étonnement. Je traverse le restaurant, je me penche vers elle et je l'embrasse.
— Merci, murmure-t-elle. C'est merveilleux. Mon mec qui m'offre une rose. *Je me sens comme avant !*

Après Alexandre et Joy, je me disais jamais deux sans trois.
— Diane, tu veux bien me faire un troisième enfant ?
Deux, c'était déjà pas mal. Elle haussait les épaules. Il faut dire que le moment était peut-être mal choisi. Un an plus tôt, un événement nous avait laissés anéantis. Lucien était mort. Il séjournait à Deauville avec Marta. Comme il s'essoufflait, il s'était rendu pour un banal examen cardiaque à l'hôpital de Caen.
On n'a jamais bien su ce qui s'était passé. Mais le lendemain de son admission, il entrait dans le coma.

Tout pour être heureux

Nous étions tous autour de lui sans comprendre.
Le sixième jour, il s'éteignait sans avoir repris connaissance. On était en septembre, dix ans avant la fin du siècle. Nous sommes partis en Ardèche pour les obsèques. L'inhumation a eu lieu dans le petit cimetière du village où reposait déjà François-André, son oncle.
Diane a jeté une fleur dans la tombe.
— Quand je mourrai, a-t-elle dit, c'est là que je veux être.

A peine étions-nous rentrés à Paris qu'elle était nommée présidente du groupe dont Lucien, pour la protéger, avait voulu la tenir à l'écart.
Elle était déjà mère de famille. Joy venait de naître en juillet. Du jour au lendemain, elle devait succéder à son père, remplir ses nouvelles fonctions de P-DG et assumer la charge de quatre mille collaborateurs. Très lourd pour les épaules d'une jeune femme.
A mes yeux, rien n'est plus passionnant que la gestion d'un empire du luxe et des jeux. Mais j'en savais déjà assez sur les casinos et les palaces pour me douter que la suite n'allait pas être du gâteau.

Enfermé dans un train sans pouvoir en sortir, j'ai failli devenir fou d'angoisse.
J'étais parti à 6 heures du matin pour Vichy où je devais visiter un hôtel qu'on nous avait

Tout pour être heureux

proposé de reprendre. Une fois de plus, Diane était en réanimation à l'Hôpital américain. Quelques jours plus tôt, elle avait failli succomber à des problèmes respiratoires aigus.

Peu après le départ, j'appelle le service de réanimation. On me dit que son état s'est aggravé dans la nuit. Elle va très mal. On n'est pas sûr de pouvoir la sauver. Le train roule à grande vitesse.

Aucun arrêt avant Vichy.

Il y a des passagers dans mon compartiment. Ils me dévisagent d'un air bizarre. Ils ont dû me voir changer de couleur. Je sors dans le couloir et vais m'affaler sur un strapontin.

Ma seule idée : rentrer en catastrophe à Paris.

Si Diane doit mourir, je veux être avec elle.

Ne pas la laisser seule.

Je me cache la tête entre les mains. Impuissance totale. J'éprouve le même sentiment d'horreur qu'au moment où on s'apprêtait à lui couper les doigts.

J'essaie de me ressaisir. J'appelle dans tous les sens pour avoir un hélicoptère à l'arrivée. Il n'y en a pas. Je rappelle l'hôpital. Etat stationnaire mais ne nous dérangez plus, vous n'êtes pas le seul et vous nous empêchez de travailler.

Je sais bien qu'en réanimation tout le monde est en train de mourir, mais je les rappelle quand même.

Tout pour être heureux

Cette fois, on m'envoie carrément chier.
Je me morfonds deux heures supplémentaires dans ce train de malheur.
J'arrive à Vichy. On m'attend sur le quai. Je mendie un hélico. Nouveaux appels. On cherche.
— Nous sommes désolés. Pas d'hélico dans le secteur. Pas d'avion non plus. Aucun vol jusqu'à ce soir.
— Le prochain train pour Paris ?
— Dans deux heures.
J'en pleurerais. On me tire par la manche.
— Venez au moins jeter un coup d'œil sur notre établissement.
On me fait monter dans une voiture.
Je suis comme un zombie. Décomposé. Glacé de peur. Le propriétaire me fait parcourir des couloirs. Je passe dans des salons, des cuisines, des suites royales.
Je les traverse sans les voir.
Je sais déjà que je ne remettrai jamais les pieds ici, cet hôtel me porterait malheur.

Dix-huit mois après l'accident, à Garches, je suis entré dans sa chambre. Elle avait une fièvre de cheval.
On était de moins en moins sûr qu'elle survive.
Avant même qu'elle ouvre la bouche, à son regard, j'ai compris qu'elle voulait me dire quelque chose.

— Dis-moi, Diane... Dis-moi...

J'ai posé ma main sur son front. Elle a fait un énorme effort pour parler. Puis, syllabe après syllabe, elle a prononcé une phrase sidérante.

— Je voudrais un autre enfant.

Je sais maintenant ce qu'on ressent lorsque le ciel vous tombe sur la tête.

— Mais Diane, ai-je bafouillé, je te l'avais déjà proposé. Souviens-toi. Tu n'en voulais pas...

Comment lui dire sans la tuer que c'était désormais impossible, impensable, trop tard ?

Les jours suivants, elle n'a cessé de me relancer.

Ce serait bien. Fécondation in vitro. Je t'en prie Bouchougne. Je t'en prie.

Et, chaque fois, c'était déchirant. L'amertume et la souffrance me ravageaient le cœur.

14

Je me souviens de ce premier voyage à New York où nous avions tant aimé la ville et l'hiver. Je me souviens de notre chambre au Pierre, qui donnait sur les arbres couverts de neige de Central Park. A l'époque, Diane ne se trouvait jamais assez mince. Régime continu. La nuit, souvent, elle s'éveillait en sursaut. Juste un coup de fringale. Elle appelait le room-service et commandait toujours le même fromage allégé, du « Cottage cheese ». En fait, elle s'en nourrissait même le jour. On en prenait des fous rires. Il faut dire qu'en ce temps-là on riait de n'importe quoi.

Nous étions si heureux...

J'y repense dans cette longue limousine noire aménagée pour les brancards et les fauteuils d'infirme.

Nous parcourons les mêmes rues que jadis.

Mais aujourd'hui, nous n'allons plus de la Ve Avenue au Russian Tea Room grignoter des blinis au saumon. L'hôpital est notre seul horizon.

Tout pour être heureux

— Diane, si tu veux remarcher, tu dois *absolument* te faire soigner en Amérique. *Ils sont tellement plus forts !*

J'y avais pensé avant ses copines qui le lui serinaient à longueur de journée. Je m'étais renseigné depuis longtemps. Et je savais que c'était faux.

Christopher Reeves, qui avait incarné Superman au cinéma, en était la preuve.

Lui aussi était tétraplégique. Il avait tout essayé.

Rien n'avait bougé.

A Paris, l'espoir allumait les yeux de Diane...

— Je veux vraiment y aller, Bouchougne. Ils ont des spécialistes formidables !

A quoi bon s'opposer ? En dehors d'espérer, que lui restait-il ?

Ironie macabre, c'est pourtant aux Etats-Unis qu'on allait lui enlever tout espoir.

Quelques mois auparavant, une autre déception l'avait meurtrie profondément. On avait profité de son état pour la tromper. Pire, bafouer son amitié. Nous étions invités au mariage d'un copain en petit comité. Diane a voulu y aller. Par affection. Mais aussi parce que, tôt ou tard, elle allait devoir affronter ce genre d'épreuve.

— C'est l'un ou l'autre, Bouchougne. Ou je reste grabataire pour le restant de mes jours,

Tout pour être heureux

ou j'assume cette journée-mariage dans mon superbe fauteuil à roulettes.
Elle savait qu'elle serait le centre des regards. Bonne épreuve pour se prouver qu'elle était encore vivante. Depuis trop longtemps, sa résidence secondaire, c'était Garches, on peut comprendre. Au dernier moment, j'ai renoncé à l'accompagner pour un aller-retour à Biarritz que je ne pouvais pas reporter.
— J'irai seule, a dit Diane. Je te raconterai tout ce soir.
Elle était aussi heureuse que si elle ressuscitait.
On lui fit fête, comme si on avait voulu compenser par un excès d'affection la cruauté de sa disgrâce.
Vivre au milieu des vivants, quel délice !
A cet instant, rien que pour rendre une partie du bonheur d'être là, elle aurait tout donné pour faire plaisir à quiconque.
Elle n'eut pas à attendre longtemps.
Voici Salomon, tout miel, tout sucre.
— Diane, quelle merveille de te retrouver ! J'ai acheté un ranch superbe aux Etats-Unis, tu viendras. Malheureusement, j'ai une dernière échéance difficile. Peux-tu me faire l'amitié de me prêter cet argent ?
Diane était aux anges.
— Combien ? a-t-elle murmuré.
C'est exactement la question que je lui ai

Tout pour être heureux

posée en rentrant quand elle m'a demandé de signer le chèque.

Je n'ai pu m'empêcher de sursauter.

— Mais Diane, c'est énorme ! Avec ça, tu pourrais te payer plusieurs maisons de campagne !

— Il en a besoin. C'est un ami. Et ça me fait tellement plaisir.

— Il t'a donné des garanties ?

— Sa parole.

Il faut dire que Gilbert Salomon n'est pas n'importe qui.

De l'entregent, beau parleur, brochette de décorations, grand volume d'affaires. A Paris, on l'a surnommé le Roi de la Viande. Avec sa femme, Hedva, artiste en tapisserie, sa Pénélope, il forme un couple très en vue.

Un ami de l'humanité, un grand bienfaiteur.

Bien entendu, il n'a jamais rendu l'argent.

— Dégueulasse, a dit Diane. La vraie boucherie, ce n'est pas de vendre en gros des tonnes de quartiers de bœuf, mais de faire du mal aux autres.

Pas seulement en profitant de leur état de faiblesse, mais en trahissant leur amitié d'une façon honteuse. J'ai appris depuis qu'il avait fini de payer son ranch. Quant à sa dette, depuis la mort de Diane, il a cherché à trois reprises à m'emprunter de l'argent afin de *pouvoir débloquer celui qu'il nous devait* !

Parfois, il m'arrive de m'imaginer à la table

Tout pour être heureux

d'un grand restaurant où sa viande est en circulation.
Le maître d'hôtel s'avance.
— Votre cœur de filet, monsieur, le désirez-vous bleu ou à point ?
— Saignant.

Je lui avais fait une surprise. On était le 9 janvier. Dans le plus grand secret, je lui avais préparé un anniversaire fracassant. Feux d'artifice, animations et tous ses amis pour un dîner de fête chez Ledoyen. Le bonheur. Diane était éblouie. Moi, fou de joie. On l'entourait, on l'embrassait, on la félicitait.
Nous devions nous envoler trois jours plus tard pour New York. C'est alors qu'eut lieu un événement qui fut pour Diane sa plus humiliante expérience de tétraplégique. J'avais dû préparer le voyage comme une opération de commando. Un médecin, Gilles le kiné, un porteur, deux infirmières et le médecin réanimateur, notre ami Olivier Marie. Une équipe de six personnes. Il fallait tout prévoir, la fragilité de Diane, l'accès et les mouvements du fauteuil dans la cabine, les soins à donner en cas de coup dur.
J'avais fait appeler Air France.
On avait expliqué notre cas et demandé des First.
— Nous aimerions partir lundi.
— Désolés. Pas de places lundi.

— Et mardi ?
— Le vol est complet.
— Mercredi ?
— Tout est déjà réservé.
— Quand alors ?
Voix embarrassée de l'employée.
— C'est-à-dire que... nous avons énormément de réservations en ce moment...
Pas la peine d'insister. Tout pue l'embrouille. Je demande à ma secrétaire de jouer les Mata Hari.
— Je dirige un groupe de musiciens. Nous sommes huit. Quand pouvons-nous partir pour New York ?
— Quelle classe ?
— First.
— Choisissez vous-même votre jour, madame. Aucun problème.
On nous a donc menti. J'appelle un responsable. Il se tortille pour m'expliquer que mon voyage est envisageable si je loue *toutes les premières*.
Autrement dit, *seize places*. Alors là, c'est bien, on serait chez nous, entre nous. J'écume de rage.
Pourquoi n'a-t-il pas osé me dire carrément que sur les vols d'Air France on ne veut pas d'infirme en première ? Tricards les paralytiques !
A bord, rien ne doit troubler la vue des clients fortunés. Imaginez qu'une tétraplégique fasse

Tout pour être heureux

un malaise quand les stewards commencent à servir le homard Thermidor ? Très mauvais genre.

Je voulais ne rien dire à Diane. Elle a fini par apprendre l'histoire. Humiliation, douleur, écœurement.

Pour la première fois, on venait de lui faire sentir qu'elle était *différente*.

On a appelé United Air Lines. Ils se sont mis en quatre. On a embarqué quand on a voulu.

Le professeur Ferguson est installé derrière son bureau. Diane, dans son fauteuil, lui fait face. Autour d'elle, les grognards de sa garde, Eric, son porteur, Gilles, Olivier, Marie, et moi. Nous sommes au Rusk Institute of New York, le plus pointu des centres de rééducation pour handicapés.

Ferguson observe Diane avec sympathie.

— Puis-je voir vos radios et vos résultats d'analyse ?

Olivier lui tend le dossier. Ferguson l'examine.

Puis, il se tourne vers la lumière de la baie vitrée et pendant une éternité étudie les radios. Il les remet sur son bureau, pousse un soupir, se gratte la joue.

De nouveau, son regard se pose sur Diane.

— Vous avez des questions ?

— Oui, dit Diane. Trois. La première, puis-je espérer une amélioration de mon état général ?

La deuxième, est-ce que je pourrai remarcher et quand ?

— Quelle est la troisième ? sourit le grand patron.

— Pensez-vous, demande Diane, que je puisse avoir un autre enfant ?

— Vous voulez la vérité ?

Dans le bureau, nous sommes tous momifiés.

— Absolument, dit Diane.

— Parfait, approuve Ferguson. Je vais vous la dire. C'est mon devoir. Il est désormais impossible de reboucher votre trachéotomie. Ensuite, vous ne remarcherez plus. Si vos nerfs avaient dû repousser, ce serait fait depuis longtemps. Enfin, votre dernière question n'est pas sérieuse. Vous n'aurez plus jamais de vie sexuelle.

Grand silence. Diane est livide. Elle a reçu chaque mot comme autant de balles dans le corps.

— Merci, dit-elle.

Ses yeux se tournent vers moi.

— S'il te plaît, Bouchougne, emmène-moi.

Nous nous retrouvons 34ᵉ Rue dans la limo qui roule en direction du Four Seasons, notre quartier général. Nous n'osons pas nous regarder.

Depuis qu'on a quitté l'hôpital, personne n'a

prononcé un mot. J'effleure de ma main la nuque de Diane. Ses lèvres se desserrent.
— Ce type est un con, dit-elle. Je ne veux plus le voir.

Trois jours après, elle va rendre visite à Christopher Reeves. Elle y va sans moi.
L'entrevue dure une heure. Echange de vues sur leur propre cas, les traitements pratiqués et les bénéfices de la rééducation. Superman — dont la moelle a été sectionnée, ce qui le protège de la douleur — insiste pour que Diane poursuive la sienne.
D'après lui, on a ainsi une chance de gagner quelques millimètres dans certains mouvements.
— Il en fait deux heures par jour, me confie Diane. Il va dans un centre très performant.
— Ici ? A New York ?
— Oui. J'ai l'adresse. Je veux y aller.
— Pourquoi pas ? Ça dure combien de temps ?
— Le temps qu'il faudra, dit Diane.
— On commence quand ?
— Demain.
— Parfait. Et lui, tu l'as trouvé comment ?
— Christopher ? Le pauvre, il est en bien plus mauvais état que moi.

Diane est restée trois mois en Amérique. Entre-temps, je suis rentré en France pour des

Tout pour être heureux

urgences de tous ordres. J'étais inquiet. Je faisais des allers-retours Paris-New York pour la soutenir.

Pendant les vacances de Pâques, je lui ai amené les enfants. Le reste du temps, des deux côtés de l'Atlantique, on était tous les deux pendus au téléphone.

— Est-ce que tu sens des progrès ?
— Bof... Oui... Oui... C'est pas mal...

Par fierté, elle ne voulait pas m'avouer que ces nouveaux traitements ne lui faisaient pas plus d'effet que les précédents. Elle était épuisée. Les séances à l'américaine étaient très dures. Pour obtenir des résultats, les kinés n'y allaient pas de main morte : ça passe ou ça casse. Se rendaient-ils compte à quel point Diane était fragile ? Ses os fracturés étaient poreux, cassants comme du verre. Je l'observais. Son regard était las. Elle avait beau chercher à sauver la face, elle en avait marre. La phrase de Ferguson au Rusk Institute l'avait démolie. Comment faire semblant désormais de ne pas savoir ?

En tout cas, elle essayait.

Mais depuis ce jour-là, le mal était irrémédiable...

Un matin, il pleuvait sur New York.

Tout m'a paru soudain lugubre et irréel. Je me suis assis sur son lit. Elle respirait mal.

Tout pour être heureux

— Diane, on a essayé... On a fait ce qu'on a pu... Je crois que ça suffit maintenant. Il faut que tu rentres à la maison. Tu veux bien ?

Elle a fermé les yeux pour me dire oui.

15

J'ai aimé cinq Diane. Même si elles semblaient nées l'une de l'autre au gré des circonstances et du temps, il s'agissait de cinq femmes parfaitement différentes.

Pendant huit ans, j'avais été fou d'une petite rouquine plutôt ronde, avec des taches de rousseur, vive et imprévue. J'en étais tombé amoureux au premier regard. Elle m'avait donné deux enfants. Je l'aimais avec passion...

Puis j'avais connu une fille détruite par la mort de son père. Elle n'était pas sûre de pouvoir remonter la pente. J'ai dû la porter à bout de bras. Je lui ai dit qu'elle ne devait pas abandonner ce qu'on lui avait légué, qu'il fallait continuer l'œuvre entreprise. Je tombais bien, c'était tout ce qu'elle voulait entendre.

Alors, elle a appris. Elle était très douée.

Trois ans plus tard, une troisième créature dont je ne soupçonnais même pas l'existence faisait irruption dans ma vie. Encore plus belle, plus mince, les joues creuses, très sophistiquée.

Tout pour être heureux

Ses taches de rousseur et son insouciance avaient disparu. Elle avait pris le pouvoir.

Je ne marchais plus à ses côtés, mais deux pas en arrière. Elle était reine. J'étais prince consort.

Ce n'était pas toujours facile.

Deux autres années s'écoulèrent.

C'est alors qu'entra en scène une nouvelle inconnue, la quatrième. Elle n'avait plus la même apparence. Son corps était brûlé, broyé, paralysé. Mais elle voulait vivre. Je ne la quittais pas. Pendant cinq ans, elle allait refuser l'inacceptable. Et se battre.

Apparut enfin la dernière Diane. Malgré dix opérations, son visage, hélas, ne serait jamais celui *d'avant*.

Elle était toujours clouée. Immobile. Mais savait désormais, après mille révoltes, que plus rien ne bougerait, qu'elle serait ainsi jusqu'à son dernier souffle.

C'est cette Diane-là que j'ai trouvée la plus belle.

C'est elle que j'ai le plus aimée.

Sereine. En paix. L'âme tranquille. Acceptant la défaite et attendant la mort comme une amie.

Elle me bouleversait.

Elle me bouleverse toujours...

16

La voilà installée au bout d'une immense table où se pressent une trentaine de responsables du groupe. Eux-mêmes dirigent des milliers de collaborateurs, directeurs de palaces, de centres de thalasso, de complexes sportifs, de clubs de tennis, patrons de casino, de grands restaurants, architectes, décorateurs, banquiers, chefs de publicité, gestionnaires... Fascinés, ils sont suspendus à la voix cassée de Diane. Cette voix rauque, presque inaudible, qui émane de son corps sans vie.

Discrète, l'œil à tout, prête à intervenir à la moindre défaillance, Marie se tient debout derrière le fauteuil. La voix dérape, hésite... C'est à peine si elle est assez forte pour qu'on l'entende en bout de table.

Pourtant, personne n'en perd un mot.

Car chaque mot va engendrer des actes.

J'en crois à peine mes yeux et mes oreilles : trois heures plus tôt, au bord de la syncope, Diane gémissait de fièvre et de douleur.

On la préparait pour l'épreuve. On la

Tout pour être heureux

maquillait, on la coiffait, on l'habillait. Les autres savent-ils comme moi qu'elle peut s'effondrer à chaque seconde ?

Tout est danger, tout est menace.

Elle est à la merci du moindre microbe. Mais comment s'en protéger ? Où ? En quel lieu ? A chaque nouvelle alerte, on part en catastrophe à l'hôpital. Dès qu'elle va moins mal, on la renvoie d'urgence chez elle pour lui éviter une maladie nosocomiale.

Elle est assise à côté de moi, sanglée dans son fauteuil roulant, ses jambes mortes soigneusement placées pour éviter la douleur.

Elle est pourtant plus grande que si elle était debout. Elle rayonne. Elle est chef d'entreprise.

Lucide, percutante. Visionnaire parfois.

Quand elle m'a fait acheter le Fouquet's, elle a pris sa décision en dix secondes.

— C'est unique à Paris. Il faut saisir la chance !

Elle venait tout juste d'apprendre qu'il était à vendre. Avant même de l'avoir, elle savait déjà comment le transformer, couleurs, ambiance, restauration, accueil. Elle avait même prévu le dessin des chaises et choisi l'emplacement de la table où elle pourrait recevoir ses amis. Paradoxalement, un excès d'efforts et de concentration semblait lui réinjecter de la vie.

— Bouchougne, me disait-elle, si tu savais ce que c'est bon de travailler.

Tout pour être heureux

Puis, la séance s'achevait sur une espèce de sourire. On avait envie de lui dire merci.

On la ramenait à la maison, on la montait dans sa chambre, et l'autre Diane réapparaissait. La Diane de l'ombre ; de la souffrance et de la nuit. Son équipe s'affairait autour d'elle pour qu'elle récupère un peu d'énergie.

Telle mère, telle fille : comme Marta, Diane était une marieuse-née.

Elle adorait jouer les magiciennes, créer du bonheur, provoquer des rencontres. Idylles, flirts, projets, bouts de chemin à deux. Quand tout marchait, Diane était comblée. Parfois, les choses allaient plus loin. Ceux qu'elle avait pris sous son aile s'aimaient pour de bon.

Elle était très proche de Marie, qui avait vécu tous les coups durs à ses côtés. Elle était célibataire.

— Marie-toi, Marie, marie-toi !

— Dès que je rencontrerai l'homme de ma vie.

— Ce ne sont pas les princes charmants qui manquent. Je vais t'en trouver un, moi ! Et un beau !

Sans le savoir, elle l'avait déjà sous la main.

Ludovic était maître d'hôtel à Deauville, au Royal.

Diane l'appréciait beaucoup. Elle les présenta, ce fut le coup de foudre. Le conte de fées

Tout pour être heureux

dure toujours. Le mariage a eu lieu. Ils s'aiment, ils sont heureux et ils ont deux enfants.

On était rentrés d'Amérique depuis dix-huit mois. Pour Diane, la vie continuait, identique. Enfants, travail, aggravations diverses et traitements appropriés.
Mais intérieurement, elle avait changé. Elle était à la fois profonde et légère, dans la vie et hors de la vie.
Elle la survolait. Son échelle des valeurs s'était modifiée. Elle avait pris ses distances. Elle était surtout plus proche de ceux qu'elle aimait. Et par effet de miroir, on ne l'aimait que davantage.
Ce jour-là, j'étais allé à Cannes présenter à la presse le projet du Fouquet's dans le Majestic. J'étais entouré de journalistes. On était le 11 mai, en plein festival. Soudain, on me demande au téléphone.

— Votre femme a eu un malaise.
— J'arrive !

Je ne veux pas en savoir davantage. Cette phrase-panique, j'ai beau l'avoir entendue des dizaines de fois depuis six ans, je ne peux pas m'y faire. Les mêmes symptômes me tenaillent, perte de contrôle, sensation de nausée, tachycardie, raideur de tous les muscles.

J'appelle chez moi.
— Où est Diane ?
— Chez le coiffeur.

Tout pour être heureux

Peut-être que je deviens gâteux ?
— Quel coiffeur ? On vient de me dire qu'elle s'était sentie mal !
— Pas votre femme, monsieur. C'est un malentendu. Il s'agit de sa mère, Mme Barrière. Elle a perdu connaissance chez son coiffeur.
— Marta ? Merde, merde ! Encore un drame, ce n'est pas vrai ! J'ai le salon de coiffure en ligne.
— On vient de conduire Mme Barrière à l'Hôpital américain.
— Et ma femme ?
— Elle est avec sa mère.
Je demande une place dans le premier avion. A l'instant où je raccroche, la voix de Diane.
— Bouchougne.
— J'arrive !
— Non, non, pas la peine. Elle va mieux. Je rentre à la maison. Ne t'inquiète pas.

Deux heures plus tard, Diane encore.
Elle adore sa mère. Elle est très secouée.
— Elle m'a fait tellement peur. Il faut que je te dise, Bouchougne. Je veux mourir avant elle.
— Diane... Qu'est-ce que tu racontes ?
— Si elle devait partir avant moi, je ne le supporterais pas, j'aurais trop de chagrin. Maintenant, je voudrais dormir. Je suis très fatiguée.
Le lendemain, Marta est sortie de l'hôpital. On l'a ramenée chez elle. Il est 13 heures.

— Je vais la voir dans l'après-midi, me dit Diane.
— Tu as raison. Ça va te rassurer et ça lui fera plaisir. Tu as récupéré un peu ?
— Pas des masses. Je suis épuisée. Je vais faire une sieste avant d'y aller.

Bizarrement, elle me répète alors la même phrase que la veille.
— *Je ne veux pas qu'elle meure avant moi.*

A 3 heures, Marie m'appelle.
Elle est affolée.
— Votre femme a eu un arrêt respiratoire. On vient de la transporter à l'Hôpital américain. Elle est dans le coma, venez vite !

J'arrive à Paris. Je reprends ma veille. Diane de la nuit. Au troisième jour, je m'apprête à entrer en salle de réanimation. Un médecin en sort.
— Le cerveau est détruit, me dit-il. C'est la fin.

Le sixième jour, un mercredi, j'emmène les enfants à l'hôpital pour qu'ils voient leur mère une dernière fois. Au cours des semaines écoulées, les séjours en réanimation se sont multipliés. A chacun d'eux, les pronostics de survie étaient plus faibles. J'avais fait enregistrer aux enfants les mots qu'ils voulaient dire à leur mère : « Reste avec nous, Maman, reviens, ne t'en va pas, on a besoin de toi, on t'aime. » Dès

Tout pour être heureux

que j'étais au chevet de Diane, je les passais inlassablement.
Elle luttait contre la mort. Les entendait-elle ?
Elle me le confirma plus tard : « J'ai donné la vie à mes deux enfants. Sans leurs messages et le son de leur voix, j'aurais perdu la mienne. »
Nous voilà tous les trois devant son lit.
Diane est très belle. Son visage est paisible. Elle a l'air de rêver. Je demande aux enfants de lui dire au revoir. La porte se referme. Dès qu'on est dans la rue, je les prends tous deux par les épaules.
— Maman va mourir.
— Papa, murmure Alexandre, je ne te crois plus. Tu m'as déjà dit ça sept fois.

Je me suis retrouvé au bureau sans bien savoir ce que j'y faisais. Impossible de me concentrer. J'allai retourner auprès de Diane.
Mais les choses sont allées plus vite que moi.
— Vite Dominique, vite, elle part, elle part !
J'ai foncé comme un dingue jusqu'à Neuilly. Je suis arrivé dans sa chambre. Elle était toujours aussi belle. Mais son visage était moins paisible, comme si elle avait cessé de rêver.
Alors se sont passées deux choses étranges.
Brusquement, ses yeux se sont ouverts. Pendant une seconde, son regard a glissé sur moi. J'ai su qu'elle voulait me dire adieu pour la dernière fois. Quand ses paupières se sont refermées, son visage a commencé à se décom-

Tout pour être heureux

poser à une vitesse folle. Il est devenu flou, incertain. C'était encore Diane, mais une autre Diane, qui respirait à peine et qui n'était plus là. Diane de la nuit... Diane de l'éternité.

— Papa, je voudrais savoir... Qui est responsable de l'accident de maman ?

Alexandre a aujourd'hui dix-sept ans. La question le hante. Comme elle a hanté Diane jusqu'à sa mort.

Dès qu'elle avait pu parler après sa sortie du coma, elle me l'avait posée. Je n'avais pas de réponse.

Alors, au bout de plusieurs mois, elle m'avait demandé de saisir la justice.

Le temps avait passé...

— En deux secondes, murmurait Diane, t'es plus rien. Mais pour la vérité, c'est plus long.

Pourtant, j'ai eu accès à des révélations qui, après coup, m'ont tué une deuxième fois. Car ce jour-là, si les choses avaient suivi leur cours normal, rien ne serait arrivé à Diane. Elle aurait atterri saine et sauve à La Baule.

Tout aurait continué comme avant.

Outre les grossières erreurs de pilotage et le plein d'essence qui n'avait pas été fait, la compagnie n'avait pas la moindre autorisation de faire du transport public. Par conséquent, selon le rapport de gendarmerie et l'expert désigné par la justice, l'avion n'aurait jamais dû voler avec des passagers payants à bord.

Ce qu'il faisait tout de même, avec le soutien de la chambre de commerce. Après tout, il faut bien que rien n'entrave l'essor du tourisme local.

Officiellement, nul n'a encore daigné me dire qui est responsable de la mort de ma femme. J'attends depuis sept ans que justice soit rendue. Pour l'instant, les choses en sont là.

Joyeuse... C'est un nom magnifique pour un village. Un nom si gai qu'il en ferait presque oublier la mort. L'air, très pur, a des parfums d'herbe fraîche. Un vent léger balance les cyprès. Nous suivons lentement le cercueil dans le chemin qui longe l'église.

Le curé nous a dit que jadis, en des temps différents, François-André et Lucien Barrière venaient parfois s'y recueillir. Dès que nous l'aurons dépassée, ce sera la fin du chemin. Et le bout du voyage. Diane en avait décidé ainsi.

Les mots résonnent encore dans ma tête.

— C'est ici que je veux être.

Plus tard, à ma surprise, elle avait ajouté on s'y sent bien, c'est si calme, si paisible.

Famille André. La tombe est ouverte. L'oncle y repose aux côtés de Lucien. On glisse le cercueil de Diane contre celui de son père.

— Ne sois pas jaloux, disait-elle en souriant, mais c'est l'homme que j'aime le plus au monde.

Tout pour être heureux

De nouveau, les voilà réunis. Mais je sais que Diane va me garder ma place.
Simple question de temps...

Même paralysée, Diane *dansait*. Elle adorait la musique. Quand elle écoutait une chanson qui lui plaisait, elle demandait qu'on la mette à fond la caisse. C'était sidérant de la voir fermer les yeux et marquer le rythme par d'infimes balancements de la tête. Elle aimait Hallyday et Sardou, mais avait une passion pour Aznavour. Peu avant sa mort, rivée à son fauteuil, elle est allée l'entendre au Palais des Congrès.
A la fin du récital, en bonne groupie, elle a voulu qu'on la pousse jusqu'à sa loge. Charles savait qu'elle était dans la salle. Il l'attendait.
Ils se sont félicités mutuellement.
— Il paraît que vous dansez toujours ? a-t-il ironisé avec tendresse. J'aimerais bien voir ça.
Diane ne s'est pas démontée.
— Facile. Vous n'avez qu'à chanter.
Aznavour a fredonné quelques notes.
Instantanément, Diane a battu la mesure avec ses minuscules décalages du cou. En y mettant tant de conviction qu'on croyait voir son corps tanguer sur son fauteuil. Tous ceux qui étaient dans la loge ont applaudi.
— Bravo, s'est exclamé Charles, vous avez été superbe !
— Vous aussi.
Charles l'a embrassée. Diane était ravie.

Tout pour être heureux

C'était sa dernière danse.

Quelques semaines plus tard, je suis revenu apporter des fleurs. Ses fleurs favorites. Des roses couleur rose. Il faisait chaud. C'était l'été avant l'été. Tout était doux. Paisible. Du vert du bleu, du blanc. J'ai découvert qu'on avait dérobé sur la tombe un petit cœur de marbre rose posé sur un trépied. J'y avais fait graver en lettres d'or les paroles magiques.

Quand tout allait mal, Diane ne se lassait pas de les entendre. Elles l'avaient aidée à affronter les saisons difficiles.

Que Dieu te garde et te protège
Que Dieu te garde et te bénisse
Ma petite femme chérie.

Le premier étonnement passé, je me suis rappelé la formule latine « *verba volant, scripta manent* ».

Mais les choses n'étaient plus les mêmes.

Aujourd'hui, les écrits s'envolaient.

Restaient les mots. Les mots fétiches. *Nos paroles magiques.*

Diane me l'avait dit un jour, *nous les avons dans le cœur, personne ne pourra jamais nous les prendre.*

Ni le temps. Ni les voleurs. Ni le destin.

La photocomposition de cet ouvrage
a été réalisée par
GRAPHIC HAINAUT
(59163 Condé-sur-l'Escaut)

Imprimé en février 2004
par la Société Nouvelle Firmin-Didot
Mesnil-sur-l'Estrée
pour le compte des éditions Plon
76, rue Bonaparte
Paris 6ᵉ

Imprimé en France
Dépôt légal : février 2004
N° d'édition : 13732 - N° d'impression : 67243